(第2版)

汽车美容技能

就业技能培训教材

人力资源社会保障部职业培训规划教材
人力资源社会保障部教材办公室组织编写

主编 陈哲和 吴伟铨

中国劳动社会保障出版社

图书在版编目(CIP)数据

汽车美容技能/陈哲和,吴伟铨主编. --2版. --北京:中国劳动社会保障出版社,2020

就业技能培训教材

ISBN 978-7-5167-4277-8

Ⅰ.①汽… Ⅱ.①陈… ②吴… Ⅲ.①汽车-车辆保养-技术培训-教材 Ⅳ.①U472

中国版本图书馆 CIP 数据核字(2020)第 022442 号

中国劳动社会保障出版社出版发行
(北京市惠新东街1号 邮政编码:100029)

*

三河市华骏印务包装有限公司印刷装订 新华书店经销
880毫米×1230毫米 32开本 8.375印张 170千字
2020年3月第2版 2023年7月第3次印刷
定价:18.00元

营销中心电话:400-606-6496
出版社网址:http://www.class.com.cn

版权专有 侵权必究

如有印装差错,请与本社联系调换:(010) 81211666
我社将与版权执法机关配合,大力打击盗印、销售和使用盗版图书活动,敬请广大读者协助举报,经查实将给予举报者奖励。
举报电话:(010) 64954652

前　言

国务院《关于推行终身职业技能培训制度的意见》提出，要围绕就业创业重点群体，广泛开展就业技能培训。为促进就业技能培训规范化发展，提升培训的针对性和有效性，人力资源社会保障部教材办公室对原职业技能短期培训教材进行了优化升级，组织编写了就业技能培训系列教材。本套教材，以相应职业（工种）的国家职业技能标准和岗位要求为依据，并力求体现以下特点：

全。教材覆盖各类就业技能培训，涉及职业素质类，农业技能类，生产、运输业技能类，服务业技能类，其他技能类五大类。

精。教材中只讲述必要的知识和技能，强调实用和够用，将最有效的就业技能传授给受培训者。

易。内容通俗，图文并茂，引入二维码技术提供增值服务，易于学习。

本套教材适合于各类就业技能培训。欢迎各单位和读者对教材中存在的不足之处提出宝贵意见和建议。

人力资源社会保障部教材办公室

内容简介

本书是汽车美容就业技能培训教材，在第一版的基础上结合工作实际对内容进行了调整，如增加了汽车美容知识、汽车内部消毒处理、汽车底盘装甲等内容。在具体内容上，首先介绍了汽车美容知识，包括作业项目与基本术语、汽车美容安全与防护，然后介绍汽车美容操作技能，包括汽车外部清洗、漆面打蜡、漆面抛光、漆面封釉与镀膜、表面划痕和斑点处理、内外饰件的清洁护理、内部异味消除及消毒处理、玻璃贴膜和底盘装甲。

为帮助读者更好地掌握汽车美容技能，扫描封底的二维码可免费查看本书相关高清图片。

本书由陈哲和、吴伟铨编写。第1单元至第6单元由陈哲和编写，第7单元至第10单元由吴伟铨编写。本书在编写过程中得到福建省人力资源和社会保障厅、福建省汽车运输技工学校、福建省泉州市高级技工学校的大力支持，在此表示衷心的感谢。

目 录

第 1 单元　汽车美容知识 …………………………………………… 1
　模块 1　汽车美容作业项目与基本术语 ……………………………… 2
　模块 2　汽车美容安全与防护 ………………………………………… 8

第 2 单元　汽车外部清洗 …………………………………………… 17
　模块 1　汽车外部清洗简介 …………………………………………… 17
　模块 2　汽车外部清洗工具与设备 …………………………………… 20
　模块 3　汽车外部清洗用品 …………………………………………… 29
　模块 4　汽车外部清洗作业 …………………………………………… 33

第 3 单元　汽车漆面打蜡 …………………………………………… 43
　模块 1　汽车车蜡 ……………………………………………………… 43
　模块 2　汽车漆面打蜡工具与设备 …………………………………… 52
　模块 3　汽车新车开蜡 ………………………………………………… 57
　模块 4　汽车漆面打蜡工艺 …………………………………………… 62

第 4 单元　汽车漆面抛光 …………………………………………… 69
　模块 1　汽车漆面抛光简介 …………………………………………… 69
　模块 2　汽车漆面抛光用品 …………………………………………… 71

模块 3　汽车漆面抛光工具与设备 ………………………………… 73
　　模块 4　汽车漆面抛光工艺 ………………………………………… 78

第 5 单元　汽车漆面封釉与镀膜

　　模块 1　汽车封釉简介 ……………………………………………… 85
　　模块 2　汽车漆面封釉用品种类与功能 …………………………… 88
　　模块 3　汽车漆面封釉工具与设备 ………………………………… 90
　　模块 4　汽车漆面封釉工艺 ………………………………………… 92
　　模块 5　汽车漆面镀膜与封釉区别 ………………………………… 98

第 6 单元　汽车表面划痕和斑点处理 …………………………………… 103

　　模块 1　汽车表面划痕和斑点修复用品 …………………………… 103
　　模块 2　汽车表面划痕和斑点修复的防护用品
　　　　　　和工具、设备 …………………………………………… 109
　　模块 3　汽车漆面划痕处理 ………………………………………… 118
　　模块 4　汽车漆面斑点处理 ………………………………………… 129

第 7 单元　汽车内外饰件的清洁护理 …………………………………… 137

　　模块 1　汽车内外饰件清洁护理简介 ……………………………… 137
　　模块 2　汽车内外饰件清洁护理工具与设备 ……………………… 140
　　模块 3　汽车内外饰件清洁护理用品 ……………………………… 143
　　模块 4　汽车外饰件清洁护理作业 ………………………………… 158
　　模块 5　汽车内饰件清洁护理作业 ………………………………… 173

第 8 单元　汽车内部异味消除及消毒处理 ……………………………… 195

　　模块 1　汽车内部异味来源与危害 ………………………………… 195
　　模块 2　汽车内部异味消除及消毒处理方法 ……………………… 198

第 9 单元　汽车玻璃贴膜 ………………………………………… 205

模块 1　汽车玻璃贴膜知识 ……………………………………… 206
模块 2　汽车玻璃贴膜工具与工作液 …………………………… 211
模块 3　汽车玻璃贴膜工艺 ……………………………………… 216

第 10 单元　汽车底盘装甲 ………………………………………… 239

模块 1　汽车底盘装甲简介 ……………………………………… 240
模块 2　汽车底盘装甲施工工具、设备及用品 ………………… 242
模块 3　汽车底盘装甲工艺 ……………………………………… 246

培训大纲建议 …………………………………………………………… 252

第1单元 汽车美容知识

20世纪90年代末,随着我国汽车保有量的迅速增长,汽车车型的不断更新,汽车档次的不断提高,汽车维修业和汽车美容业也得以迅速发展。汽车美容服务项目由简单的外观清洗发展到车内的美容护理,越发讲求服务质量。汽车美容机构配备专业的汽车清洁设备,如高泡机、吸尘器、洗衣机和脚垫甩干机等,使用专业的洗车液;汽车美容从业人员具备一定的专业汽车护理常识。

进入新世纪以来,汽车美容有了全新的概念,它不只是简单的汽车清洗、打蜡、除渍、除臭、吸尘及车内外清洁服务等常规维护,还包括利用专业美容系列产品和高科技设备,采用特殊的工艺和方法,进行漆面增光、打蜡、镀膜及深浅划痕处理,底盘防腐涂胶处理和发动机表面翻新等一系列维护作业。汽车美容从业人员开始研究顾客的潜在需求,统一汽车美容施工流程,从业人员专业素质不断提高,管理更加系统化、专业化。

模块1　汽车美容作业项目与基本术语

一、汽车美容作业项目

1. 根据汽车美容作业性质分类

汽车美容可分为护理性美容与修复性美容两大类。

（1）护理性美容。护理性美容是指为保持车身漆面和装饰件表面亮丽、延缓其性能的减退而进行的美容作业，主要有新车开蜡、汽车清洗、漆面研磨、抛光、还原、上蜡增艳处理、装饰护理及汽车防护等美容作业。

（2）修复性美容。修复性美容是指车身漆面或装饰件出现某种缺陷后所进行的恢复性美容作业。这些缺陷主要包括漆膜病态、漆面划痕、斑点和装饰件表面破损等，根据缺陷的范围及程度不同分别进行表面处理、局部修补、整车翻新和装饰件修补更换等美容作业。

2. 根据汽车服务部位分类

汽车美容可分为车身表面美容、车身漆面美容、内外饰件美容、汽车防护、汽车精品五大类。

（1）车身表面美容。车身表面美容如图1-1所示，主要包括高压洗车、除锈、去除沥青和焦油等污物，上蜡增艳和镜面处理，新车开蜡，钢圈、轮胎、保险杠翻新等项目。经常洗车可以清除车表尘土、酸雨、沥青等污染物，避免漆面及其他车身部件受到腐蚀和损害。适时打蜡、镀膜、封釉不仅能给车身带来光彩亮丽的效果，而且可以防紫外线、防酸雨、抗高温及防静电。

图 1-1　车身表面美容

（2）车身漆面美容。车身漆面美容如图 1-2 所示，分为护理性漆面美容和修复性漆面美容。护理性漆面美容包括漆面轻度失光处理和浅、中划痕处理，修复性漆面美容包括漆面深划痕处理、漆面局部喷涂以及整车喷漆处理等。

图 1-2　车身漆面美容

(3) 内外饰件美容。内外饰件美容分为内饰件美容（见图1-3），外饰件美容和发动机、底盘外表件美容。内饰件美容包括车室美容和行李舱清洁等项目。车室美容项目有仪表板、顶篷、地毯、脚垫、座椅、座套、车门内饰件的吸尘清洁保护，以及高温蒸汽杀菌、冷暖风口除臭、车室空气净化等项目。外饰件美容包括车窗玻璃、车灯、后视镜、保险杠、轮毂、轮罩、裙边等外饰件的清洁和护理。发动机、底盘外表件美容包括发动机外表件的清洁护理、喷涂发动机外部保护剂进行防锈保护和上光护理、发动机室翻新、底盘外表件的清洁护理及喷涂底盘外部保护剂（底盘装甲）。

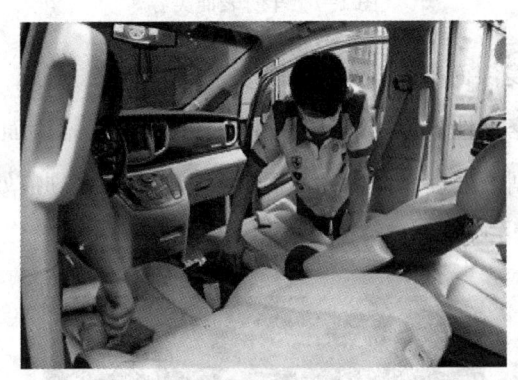

图1-3 内饰件美容

(4) 汽车防护。汽车防护的项目有贴防爆玻璃膜（见图1-4）、安装防盗器、安装静电放电器、安装汽车语音报警装置等。汽车防护虽然对汽车的美观不产生直接影响，却能很好地保护汽车。

（5）汽车精品。汽车精品是汽车美容的点睛之处，也是一种汽车文化的体现，它致力于把汽车营造成一个流动的生活空间，如车用香水、护目镜、把套、坐垫等。汽车精品带给人们的是一种精神上的愉悦和享受。

图1-4　贴防爆玻璃膜

3. 根据汽车实际美容程度分类

汽车美容可分为汽车一般美容、汽车专业美容两大类。

（1）汽车一般美容。汽车一般美容即人们通常所说的洗车、打蜡，是把汽车表面上的污物、尘土洗去，然后打蜡，增强车身表面的光亮度，起到初步的"美容"作用。

（2）汽车专业美容。汽车专业美容如图1-5所示，它不但包括对汽车的清洗、打蜡，还包括根据汽车实际需要进行的全车美容维护。主要有车身漆面修复、漆面增艳、漆面封釉、汽车内外饰件清洁护理、汽车蒸汽干洗（汽车桑拿）、车内真皮护理及汽车精品装饰件护理等内容。

图 1-5　汽车专业美容

二、汽车美容基本术语

汽车美容基本术语及术语解释如下：

1. 不脱蜡洗车

不脱蜡洗车是指采用洗车液洗掉车身漆面上的尘土、污垢，但漆面原有蜡仍存在。这是最常用的日常洗车。

2. 脱蜡洗车

脱蜡洗车是指使用能洗掉汽车表面原有蜡层的洗车液洗车。一般在漆面修补、漆面缺陷处理、漆面重新打蜡之前进行。如新车开蜡就必须进行脱蜡洗车。

3. 研磨剂

研磨剂是指含有各种摩擦材料的乳剂，用于处理车身漆表面的缺陷。摩擦能力强的研磨剂称为深切研磨剂；摩擦能力适中较柔和的研磨剂称为中切研磨剂；摩擦能力极柔和，对漆面损伤极轻的研磨剂称为微切研磨剂。

4. 抛光

抛光是指通过静电、摩擦等方式，消除车身漆面的氧化层，改善车身的漆面缺陷，增加车身漆面的光泽度。

5. 抛光剂

抛光剂是汽车美容修复蜡的一种，含有不同磨削程度的磨料颗粒。按照磨料颗粒大小或功效的不同可分为微抛剂、中抛剂和深抛剂。主要用于消除研磨工序留下的磨痕，同时也是打蜡前车漆表面的强力去污剂。

6. 打蜡

打蜡是指在车身漆面上形成一层保护膜（隐形车衣），防止紫外线、酸雨及其他有害物质对车身漆面进行侵蚀，以延缓车身漆面的老化，从而让车身美容效果历久弥新。

7. 洗车蜡

洗车蜡是含有水蜡的一种洗车液，能在洗车的同时给漆面上光。但光泽保持时间不长。

8. 抛光蜡

抛光蜡是指含有极柔和摩擦材料的车蜡。

9. 上光蜡

上光蜡是指不含任何摩擦材料的车蜡。

10. 增光剂

增光剂是集抛光剂和上光蜡于一体的二合一产品。

11. 保护剂

保护剂是含有高分子聚合物的清洗或上光保护剂。在清洗或上光的同时起到防老化、防腐蚀等保护作用。

12. 镜面釉

镜面釉是内含高分子釉剂的漆面增光保护剂。主要用于车身漆面的二次抛光（去除抛光时形成的光环、划痕），并在车漆表面形成釉质镜面保护膜，具有隔紫外线、防氧化、抵御高温和酸雨的功能。

13. 镀膜

镀膜是含有高分子聚合物的车蜡，能在车漆表面形成不氧化的保护层，将车漆和外界隔离起来，具有极高的强度和耐候性，而且表面光滑，污物不容易黏附。

14. 透明漆

透明漆是在色彩漆上覆盖一层透明的清漆。

15. 普通漆

普通漆是没有覆盖任何透明漆的漆。

16. 太阳纹

太阳纹是汽车在高速行驶中，车漆与风沙摩擦，长期积累而形成的微痕。

17. 交通膜

交通膜是指车漆在使用过程中与空气摩擦所产生的静电，并吸附灰尘和有害气体等，使车漆氧化而形成的一层薄膜。

模块2 汽车美容安全与防护

一、汽车美容作业中的安全问题

在汽车美容作业中存在的安全问题主要有以下几点：
1. 废弃的涂料、溶剂或被汽车美容用品其他材料污染的废抹布、废纸张等，若保管不善，堆积在一起容易产生自燃。

2. 忽视或不遵守防火规则，在作业现场吸烟或使用明火，是重大安全隐患。

3. 汽车美容使用的材料中，部分产品含有有机溶剂，当其蒸气与空气混合到一定比例时，一遇火源（不一定是明火）就会发生爆炸。

4. 部分汽车美容产品和汽车涂料中含有有毒物质，如果大量吸入或长时间与皮肤接触，将可能引起职业性中毒。

5. 汽车美容作业离不开用电，不规范用电将带来安全隐患，危及作业人员的人身安全。特别指出，美容作业场所通常比较潮湿，是用电安全的一大隐患。

6. 汽车的电子科技含量越来越高，在汽车美容作业过程中，若操作稍有不慎，就会引起汽车电器、电子控制系统的故障，甚至损坏汽车电器或车身装饰，造成不必要的损失。

二、安全操作规程与安全防护

汽车美容所使用的材料很多属于易燃、易爆和有毒物品（见图1-6），作业场所常带电、用水，一旦发生事故不仅会造成财产损失，甚至可能危及作业人员人身安全。因此，汽车美容作业时必须采取有效的防火、防爆、防中毒和防触电等安全技术措施，确保作业人员的人身安全和生产的顺利进行。作为汽车美容作业人员，一方面应该熟练掌握汽车美容作业的规范和操作技能及所使用产品的性能；另一方面，也必须掌握汽车美容作业中的安全防护知识。在汽车美容操作过程中，首先保证人员安全，不伤害到自己和他人，同时，还要求安全使用设备，防触电、防止设备因不规范操作造成损坏。

图1-6 很多汽车美容材料属于易燃、易爆品

1. 安全操作规程

（1）清洗护理作业安全操作规程。汽车清洗护理作业中所使用的清洗剂多数带有一定的毒性和腐蚀性，作业场所有水、电、气等，具有一定的危险性。

1）作业人员必须熟悉作业现场及周围环境，熟悉水、电、气开关的位置及救护器材的位置，以备应急之用。

2）作业人员必须熟悉作业安全技术、清洗剂的使用方法和触电、窒息急救法、心肺复苏法，及有关烧伤、外伤、气体中毒等急救常识。

3）注意用电安全。地线必须搭铁，防止漏电，使用电器时要严防触电，不要用湿手和湿物接触开关。作业结束，要及时把电源切断。

4）作业人员直接接触酸、碱液时，应穿戴工作服、胶靴、防腐蚀手套，必要时应戴防毒口罩。

5）清洗护理作业现场必须做到整洁有序，严禁烟火。

6）作业中排放的清洗废液应符合排放要求，不许随地乱排放。

（2）修补涂装作业安全操作规程。修补涂装大多在充满溶剂气体的环境中作业，不安全因素较多，作业人员应熟知本工种作业特点和所使用设备的正确操作方法。

1）必须有良好的通风条件，若室内施工（特别是喷涂时）要有良好的通风设备。

2）操作前根据作业要求，穿好工作服和工作鞋，戴好工作帽、口罩、手套、鞋罩和防毒面具等，如图1-7所示。

3）打磨作业中，应注意物面有无凸出毛刺，以防划伤手指。

4）在用钢丝刷、锉刀、气动和电动工具进行金属表面处理时，需佩戴防护镜，以保护眼睛避免受伤；粉尘较多时，应戴防护口罩。

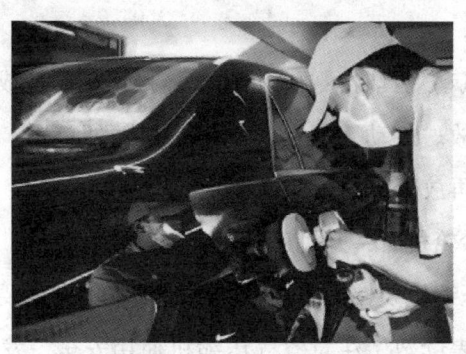

图1-7 美容操作时戴好工作帽、口罩

5）酸碱溶液要妥善保管，小心使用。搬运酸碱溶液要使用专门的工具，严禁肩扛、手抱。清除旧漆膜时必须佩戴乳胶手套和防护镜，穿戴涂胶围裙和鞋罩。

6）作业场地的棉纱、废纸等易燃品应随时清除，严禁烟火。涂料库房要隔绝火源,并配备消防用品。

7) 作业结束后将设备、工具清理干净,摆放整齐,剩余涂料及溶剂要妥善保管以防溶剂挥发。

8) 作业结束打扫场地时,用过的残漆、废纸、线头、废砂纸等要及时清理。

(3) 电动、气动工具安全操作规程

1) 熟悉使用工具。使用工具前应检查各零部件是否安装牢固,各紧固件连接是否牢靠,电缆及插头有无损坏,开关是否灵活。

2) 使用电动工具操作时,应检查是否搭铁,插接件是否插牢,电线要有胶管保护,谨防触电,如图1-8所示。使用中如发现有大火花、异响、过热、冒烟或转速不足等现象,应停止使用并进行修复。

3) 工具、电器元件应保持清洁。不用时,应存放在干燥处,以防受潮与锈蚀。

4) 使用风动工具时,要防止由于连接不牢而造成高压空气损失和人身伤害事故。风动工具在转动中不得随处放置,需要放置时应关机,停稳后再放下,如图1-9所示。

5) 使用砂轮机时,开机后砂轮应轻轻接触工件。

6) 空气压缩机要按规定操作顺序启动,使用中要注意其运转状况,观察气压表读数,注意空气压缩机使用安全,发现异常现象要及时停止使用并排除故障。

2. 安全防护

(1) 防火

1) 完善防火防爆设施。如果作业现场不具备安全防火的条件,没有通风排气设备,挥发的溶剂不能排出,一旦溶剂蒸气与空气混

第1单元 汽车美容知识

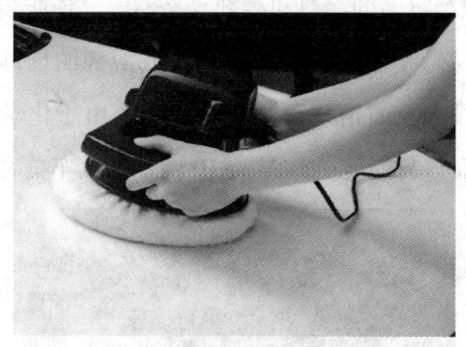

图1-8 使用电动工具要谨防触电

图1-9 注意风动工具的安全使用

合达到一定浓度时,遇明火即会发生爆燃。

2) 按防爆等级规定安装和使用电器,避免产生火花。如果电气设备达不到防爆等级,照明灯、电动机、电气开关没有安装防爆装置,在结构上防爆考虑不充分,选用不当或损坏未及时维修,便有产生火花的危险。

3) 严禁烟火。作业人员不遵守防火规则,在涂装现场使用明火或吸烟,是非常危险的。

4）避免积存过多的涂料和溶剂等易燃物，谨防自燃。涂料和溶剂绝大多数是易燃物质，浸有油性涂料或溶剂的棉纱、碎布、废纸等揩擦物，若没有及时清理而长期堆积，会由于化学反应渐渐发热以至达到燃点而自行燃烧。如图1-10所示为汽车美容店火灾现场。

图1-10　汽车美容店火灾现场

（2）防毒

1）作业人员在操作时，应穿戴好各种防护用具，如专用工作服、手套、面具、口罩和鞋帽。特别是在喷涂时，要佩戴附有活性炭的防毒面具，如图1-11所示。

图1-11　穿戴好防护用具

2）作业时，如感头痛、眩晕、心悸、恶心，应立即离开作业现场到通风处呼吸新鲜空气，严重的应及时送医治疗。

3）为保护皮肤，作业前可涂以防护油膏，施工后洗干净，再涂其他润肤油膏保护。

4）工作结束后应淋浴，淋浴后换好干净衣服到室外呼吸新鲜空气。

第2单元 汽车外部清洗

模块1 汽车外部清洗简介

一、现代汽车清洗的特点与作用

1. 现代汽车清洗的特点

现代汽车清洗具有系统性、专业性和规范性的特点。

（1）系统性。根据汽车自身的特点，由表及里地对汽车各部分进行全面细致的清洗维护。在传统洗车的基础上，扩展到漆面清除氧化物和车漆维护的范畴，不仅洗去了汽车表面的浮尘，还用专业技术将黏附在汽车表面上的有害物质彻底除去。

（2）专业性。严格按照工艺要求，由受过培训的专业人员采用专用的设备、工具、用品及方法进行汽车清洗作业。现代汽车清洗应使用优质的专业清洗产品，针对汽车各部位材质进行有针对性的清洗，使汽车经过专业清洗后外观洁亮如新。

（3）规范性。每一道工序都有标准或规范的技术要求。从事现代汽车清洗的操作人员都经过正规严格的训练,能熟练地借助现代化设备和高性能清洗用品进行洗车作业。

2. 汽车清洗的作用

汽车清洗不仅可以使车辆外观整洁,而且可以延长车辆的使用寿命,汽车清洗有三大作用。

(1) 保持汽车外观整洁。汽车在行驶中经常处于飞扬的尘土中,经受风吹日晒;雨雪天气还要在泥泞的道路上行驶,车身外表难免黏附上泥土,影响汽车外观。为使汽车外观保持整洁,应根据汽车所处的环境状况,经常对汽车进行清洗维护。

(2) 消除大气污染的侵害。大气中有很多会对车身表面产生危害的污染物,其中,酸雨的危害性最大,它附着于车身表面会使漆面形成网纹或斑点,如不及时清洗还会造成漆层老化。因此,在工业污染较严重的地区,汽车淋雨后应及时到专业美容店进行清洗。

(3) 清除车身表面顽渍。车身表面黏附树胶、鸟粪,以及在高速公路上行车黏附蛾、蝶等虫尸,焦油和沥青飞漆等顽渍,如不及时清除就会腐蚀漆层,给护理增加难度。因此,车主应经常检查车身表面,一旦发现具有腐蚀性的顽渍应尽快清除,如已腐蚀漆层则须到专业汽车美容店进行处理。

二、现代美容洗车与传统洗车的差别

现代美容洗车与传统洗车的差别,主要有以下四个方面。

1. 目的不同

现代美容洗车的目的是去除车身表面的泥土、灰尘等污物，并通过专门工艺去除车表沥青、树胶、鸟粪和嵌入车漆深处的铁粉等。

传统洗车的目的是去除车身表面的泥土、灰尘等污物。

2. 材料不同

现代美容洗车使用的材料是专用洗车液和洗车香波，这些清洗液能使汽车漆面得到较好的清洗与维护。专用洗车液呈中性，采用非离子表面活性剂制成，能使污渍分子分解浮起从而被轻易洗掉，其化学成分不会破坏原车蜡分子的结构，还兼有保护作用。

传统洗车使用的材料是洗衣粉、肥皂水、洗洁精，这些清洗液虽然能分解一些污垢、油垢，但会对车辆漆面造成伤害，导致车漆氧化、失光，还会腐蚀金属，加速密封胶条老化。

3. 技术不同

现代美容洗车的作业人员都要经过正规严格的训练，能熟练地借助现代化的设备和高性能的清洗用品进行洗车作业。

传统洗车大多由非专业人员进行，无法从技术及程序上保证洗车效果。

4. 对环保影响不同

现代美容洗车作业场所固定，配套设备完善齐全；采用循环水再生利用技术，节约资源，最大限度地减少环境污染，降低作业成本；在清洗剂的选用上，力求杜绝对环境的危害。

传统洗车作业场所不固定，没有配套设施、设备；浪费水源，成本高，效率低；肥皂水、洗衣粉、洗涤剂等清洁环保性差，对环境污染较大。

模块2　汽车外部清洗工具与设备

随着科技的进步，汽车美容清洗也越来越专业化。现代汽车清洁大多使用专用工具与设备，其特点是清洁效率高、质量好。常用的工具与设备有如下几种：

一、外部清洗工具

1. 洗车毛刷

洗车毛刷分为洗车软毛刷和洗车硬毛刷。

（1）洗车软毛刷。洗车软毛刷主要用于清洗车身，特别是用于大、中型客车中上部，以及小轿车顶部的清洗擦拭。现在一些洗车器本身带有毛刷，可一边喷洗车液，一边清洗擦拭，方便快捷，如图2-1所示。注意毛刷在使用中，要经常漂除其中的沙粒，以防洗车过程中刮伤车身漆面。用完后一定要及时清除毛刷内的溶剂和沙粒并沥干。

（2）洗车硬毛刷。洗车硬毛刷主要用于清洗轮胎或钢圈等表面不易受损且泥沙、污物较多的部位。

图 2-1 带有毛刷的汽车洗车器

2. 洗车海绵

洗车海绵如图 2-2 所示，它具有柔软、弹性好、吸水性强和藏土能力好等特点，可分为粗海绵和软海绵。粗海绵通常用于去除较强的污垢或清洗轮胎时使用；软海绵通常用于车身的清洗，有利于保护车漆和提高作业效率。

图 2-2 洗车海绵

3. 洗车手套

洗车手套如图 2-3 所示。其材质有软海绵、仿羊毛和纯羊毛等几种。有些手套具有防水功能,在冬天清洗车辆时,可防止冻伤手。在使用洗车手套时,要按清洗车身的部位分类使用,即有的手套专门用于车身上部,有的专门用于车门,有的专门用于车身下部和轮胎钢圈,不能全车混用;否则,在擦拭车身时,易划伤车身漆面。

图 2-3 洗车手套

4. 洗车毛巾

洗车毛巾如图 2-4 所示。

图 2-4 洗车毛巾

(1)半湿性大毛巾。将大毛巾用清水浸湿后拧至呈半湿性状态,可提高擦车的速度,节省擦车时间。一般多用洗车麂皮进行擦车前的预处理,再用半湿性大毛巾进行车身表面的手工清洗或擦拭。

(2)半湿性小毛巾。半湿性小毛巾可用于擦洗门边、盖边污垢和车身边沿处的泥沙。

(3)干性大毛巾和小毛巾。干性大毛巾和小毛巾用于第二次擦拭车身的水,使车身表面更加干净、干爽。

5. 洗车麂皮

洗车麂皮如图 2-5 所示,它具有柔软、耐磨和防静电的特点。洗车麂皮可用于车身打蜡后将蜡抛出光泽。实际操作时往往将麂皮经清水浸湿后再拧干,即成半湿性麂皮,这样能更好地擦净车身表面的水痕。

图 2-5　洗车麂皮

6. 气动风枪

气动风枪如图 2-6 所示。车辆外部美容清洗流程中的最后一道流程就是用气动风枪吹干车身表面缝隙里的多余水分。缝隙处水分不易擦净,特别是玻璃胶条、门外拉手、后视镜、前后保险杠接缝和车身外饰部件周围的水分,若这些部位有残留的水分,不仅会在打蜡时影响打蜡效果,还会引起车身生锈。在使用气动风枪时,要一边吹,一边用一条干净的毛巾将流出来的水渍擦除。

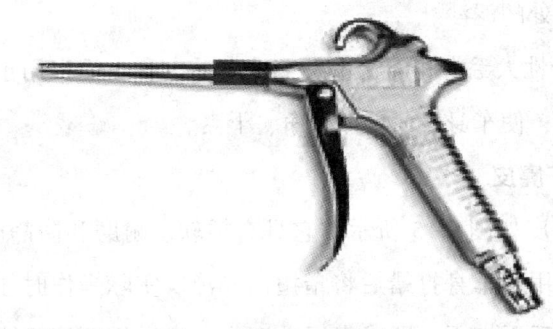

图 2-6 气动风枪

二、外部清洗设备

现代汽车大多使用专用清洗设备,其特点是清洁效率高,质量好。常用的专用清洁设备有以下几种:

1. 移动式高压清洗机

移动式高压清洗机按驱动方式分为电动机驱动式和发动机驱动式;按出水温度分为冷水型和冷热水型。

(1) 电动机驱动移动式高压清洗机。电动机驱动移动式高压清洗机如图 2-7 所示。该设备操作灵活、方便,一般常用于小型汽车美容店。

图 2-7　电动机驱动移动式高压清洗机

（2）发动机驱动移动式高压清洗机。该设备不需外接电源，工作范围较广，但发动机驱动工作时噪声大，多用于户外清洗车辆。

（3）冷水型移动式高压清洗机。该设备设计紧凑、质量轻、易操作、压力强劲。

（4）冷热水型移动式高压清洗机。冷热水型移动式高压清洗机如图 2-8 所示。该设备一般由水泵、加热装置和传动机构等组成，安装在轻便的小车上，采用柱塞式水泵获取高压水流。水源一般采用自来水，采用其他水（如河湖、水塘中的水）时，需要经过清洁过滤处理，以免影响清洗质量。

2. 泡沫清洗机

泡沫清洗机如图 2-9 所示。该设备采用气动控制，具有压力稳定、流量大、操作简单和使用方便等优点。该设备需要空气压缩机提供一定压力的气源。

3. 脱水机

脱水机如图 2-10 所示。一般用于汽车内饰物和脚踏垫的清洗脱水。使用该设备时要注意两个安全操作要点：一是脱水物品必须用力压到底部，防止在转动过程中有脱水件甩出或磨损；二是要待脱水机完全停止后方可取出脱水物件，以免造成人身伤害。

图 2-8　冷热水型移动式高压清洗机

图 2-9　泡沫清洗机

图 2-10　脱水机

4. 专业型吸尘器

专业型吸尘器如图2-11所示。它集吸尘、吸水和风干功能于一体,吸力大,吸尘效果好,防水性强。它还配有多个专用吸嘴,操作简单,吸尘效率高但体积较大。

5. 蒸汽清洗机

蒸汽清洗机有电热式和燃气式两种。

(1) 电热式蒸汽清洗机。电热式蒸汽清洗机如图2-12所示。它通过电加热水获得蒸汽,体积小,操作灵活。

图2-11 专业型吸尘器

图2-12 电热式蒸汽清洗机

(2) 燃气式蒸汽清洗机。燃气式蒸汽清洗机如图2-13所示。它通过燃烧燃气加热水获得蒸汽,体积较大,但产生的蒸汽量也大,蒸汽清洗效率高,清洗质量好。

图 2-13　燃气式蒸汽清洗机

6. 全自动电脑洗车机

全自动电脑洗车机有固定式和移动式两种。

(1) 固定式全自动电脑洗车机。固定式全自动电脑洗车机如图 2-14 所示。洗车时洗车机不动，汽车由机械牵引或经电脑引导缓慢通过洗车机的工作区域。洗车机通过各种检测设备反馈的信息，按照相应的指令程序自动运行，对汽车进行清洗。

图 2-14　固定式全自动电脑洗车机

(2) 移动式全自动电脑洗车机。

移动式全自动电脑洗车机工作时汽车不动,洗车机按照一定的程序在导轨上来回移动,执行洗车指令对汽车进行清洗。

模块 3　汽车外部清洗用品

汽车外部清洗有三种目的:一是做全面的汽车美容(翻新);二是做日常的打蜡上光;三是纯冲洗。不同清洗目的应选择不同的汽车外部清洗用品,这样才有利于汽车表面护理。

常用汽车专用清洗用品有以下七种:

一、不脱蜡洗车液

不脱蜡洗车液又称高泡洗车香波,如图 2-15 所示。这种洗车液是汽车美容行业中广泛采用的一种水洗清洗剂,也是日常洗车的首选洗车液。它一般由多种表面活性剂配制而成,具有很强的浸润和分散能力。它能够有效地去除车身表面的尘埃、油污,但又不会洗掉汽车表面原有的车蜡,保持漆面原有光泽。所以采用不脱蜡洗车液洗车后不需要重新给汽车打蜡。

二、增光洗车液

增光洗车液又称打蜡洗车液,如图 2-16 所示。增光洗车液是集清洗、上蜡增光于一体的一种超浓缩洗车液,使用后能在车漆表面形成一层高透明的蜡质保护膜,令漆面光洁亮丽,焕然一新。

图 2-15 不脱蜡洗车液

图 2-16 增光洗车液

三、脱蜡洗车液

脱蜡洗车液是目前汽车美容行业中广泛采用的一种有机清洗剂,是新车开蜡和旧车重新打蜡前洗车的首选洗车液。它主要用来去除车身表面的石蜡、油脂、硅酮抛光剂、污垢等。采用脱蜡洗车液后必须重新打蜡,否则会加速车漆老化。

四、轮毂清洗剂

轮毂清洗剂如图 2-17 所示。对轮毂清洗剂的要求是去污力要强，但又不能腐蚀、损伤轮毂的金属保护层，不易燃，不会对环境造成污染。轮毂清洗剂不含酸性物质，而且清洗功能极强。将它喷到轮毂表层后，油泥液自动往下流，只需用布轻轻擦干即可恢复金属或塑料的原有光泽。

图 2-17　轮毂清洗剂

五、玻璃清洁剂

玻璃清洁剂如图 2-18 所示。玻璃清洁剂主要用于去除玻璃上积累的白色雾状膜和各种内饰清洗剂、清新剂、烟等造成的静电油脂，同时可有效去除鸟粪、油泥及尘土。因含挥发剂，擦干后可很快风干，也可用于电镀表面及内饰（地毯、座椅）等的清洗。

六、柏油清洁剂

柏油清洁剂如图 2-19 所示。柏油清洁剂对汽车车身、门窗、玻璃等所有容易受到柏油沥青污染的表面都有清洗养护作用，它能快速溶解柏油沥青污点，对车面漆毫无损害，使用后还能形成一层保护膜，持续保护车身表面漆原有的光泽。

七、轮胎光亮剂

轮胎光亮剂又称轮胎翻新剂或轮胎增黑剂，如图 2-20 所示，分为液体和膏体两种。其主要功能是恢复轮胎原有的崭新面目，阻止紫外线侵蚀，避免橡胶老化、龟裂和失色，有效延长轮胎寿命。

图 2-18　玻璃清洁剂　　　　　图 2-19　柏油清洁剂

图 2-20　轮胎光亮剂

轮胎光亮剂具有良好的增黑和防护效果,涂抹在轮胎表面上后,会在几分钟后干燥,在车辆行驶时不会黏附尘土。

常见的轮胎光亮剂以气雾罐包装,使用极为方便,只需以打圈的方式把泡沫均匀地喷射于轮胎表面即可。还有以塑料罐、桶包装,多为汽车专业美容机构所用,其增黑度、持久度和防护功能更好。

模块4　汽车外部清洗作业

一、汽车外部清洗作业流程与操作方法

车辆清洗前应做好以下准备工作:①根据洗车目的不同,加注不同类型的洗车液或洗车香波;②开动空气压缩机,保证其在作业过程中能提供充足压力的气源;③检查准备洗车常用工具,确保能正常使用;④准备各种顽渍清除剂。

1. 汽车外部清洗作业流程

汽车外部清洗作业必须按照以下十个作业流程进行:①车身冲淋→②车身喷洒泡沫洗车液→③车身擦洗→④轮胎洗刷→⑤车身冲洗→⑥车身擦干→⑦车身吹干→⑧车内吸尘→⑨轮胎上光→⑩车身表面顽渍清除。要求顺序不能颠倒,每项作业精确到位。车辆清洗后的质量标准为汽车漆面、外部饰件及汽车内部表面应无尘土、无污渍、无水痕。

2. 汽车外部清洗作业操作方法

(1) 车身冲淋

1) 车身冲淋顺序。原则上是从顶部开始到底部结束。冲淋过程

始终由上方至斜下方冲洗,如图 2-21 所示。

2) 调整喷水压力。首先以低压雾状喷洒车顶,再以中压发散状冲洗车身中部和下裙,最后以高压线状冲洗轮胎内挡板和车身底部。

图 2-21　由上方至斜下方冲洗

(2) 车身喷洒泡沫洗车液。打开泡沫清洗机进气阀门,至泡沫清洗机的气压上升至规定压力时,打开出气阀门,控制好气管开关开度,在车身外表均匀喷洒泡沫洗车液或高泡洗车香波。喷洒顺序从车顶到发动机舱盖,再到车身四周,包括保险杠和轮胎,如图 2-22 所示。注意要喷洒均匀、足量。

图 2-22　车身外表均匀喷洒泡沫洗车液

（3）车身擦洗。车身擦洗基本上分为上、中、下三大区，每个区域用不同的洗车海绵或洗车手套。海绵或手套放置于不同的盛液容器中，每擦洗一块车身要及时清洗海绵或手套，然后再去擦洗另一块车身。擦洗顺序从上到下，从前到后，如图2-23、图2-24所示。注意不要因为洗车海绵或手套使用不当而造成车身漆面刮痕受损。

图2-23　用洗车海绵擦洗车身

图2-24　用洗车手套擦洗车身

(4)轮胎洗刷。用毛质较硬的毛刷刷洗轮胎表面,如图2-25所示。用毛质较软的毛刷清洁轮毂,如图2-26所示。这样,可避免刮伤轮毂表面。每隔一段时间要对毛刷进行清洁,防止泥沙损伤漆面。车辆吹干后,对轮胎进行保养,清除轮胎表面的石子等异物。

图2-25 用硬毛刷刷洗轮胎表面

图2-26 用软毛刷清洁轮毂

（5）车身冲洗。车身冲洗顺序为从上到下，并向一个方向冲洗。冲洗时用发散状水柱喷洗，如图 2-27 所示。除底部外均不宜用束状水柱冲洗，以免损伤漆面。

图 2-27　用发散状水柱喷洗

（6）车身擦干。首先两人拉着半湿性大毛巾从发动机舱盖擦到行李舱盖，如图 2-28 所示。然后用大、小半湿毛巾擦拭车身及外饰件等，最后用大、小干毛巾擦拭车身。车身擦干顺序为从车顶部到底部，从车外到车内。毛巾在擦拭过程中要不断清洗，防止出现泥沙。车身擦拭最容易遗漏的地方是发动机舱盖内侧和行李舱盖内侧。擦拭过的毛巾要及时清洗风干，以备下次使用。

（7）车身吹干。车身缝隙用毛巾擦不到的水渍，要用风枪来吹干。操作时一只手拿着风枪吹，另一只手拿着半湿性干净毛巾擦拭，直到吹干为止，如图 2-29 所示。吹干顺序为从车顶到车身中部再到车底部。

图 2-28　两人拉毛巾进行车身擦干

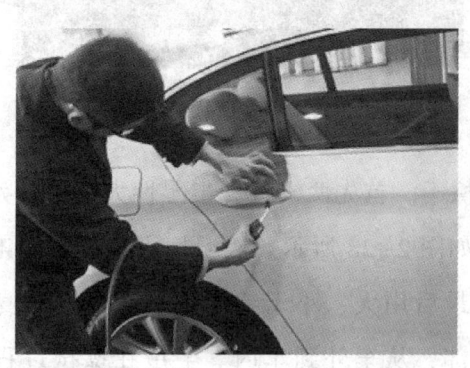

图 2-29　用风枪吹干车身缝隙

(8) 车内吸尘。车内吸尘宜使用专业汽车吸尘器或车身便携式吸尘器,对整个车厢内部和行李舱进行吸尘,如图 2-30 所示。先从车门内饰、仪表板和座椅开始,再到车厢底部,最后对行李舱吸尘。

(9) 轮胎上光。车辆清洗吹干后,还要对轮胎进行上光处理。轮胎上光可用手喷式轮胎护理剂,如图 2-31 所示,也可用毛刷或海绵蘸液态的轮胎光亮剂对轮胎侧面进行上光。注意光亮剂不能上得太多，流到钢圈上的光亮剂要予以清除，防止影响钢圈的美观。

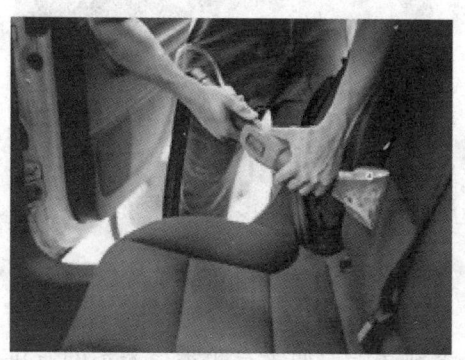

图 2-30　用专业汽车吸尘器吸尘

图 2-31　用手喷式轮胎护理剂对轮胎上光

（10）车身表面顽渍清除。车身表面顽渍清除有以下几种方法：

1）用焦油去除清洗剂清除，如柏油清洗剂，它容易去除车身表面顽渍，但又不对漆面造成损伤，如图 2-32 所示。

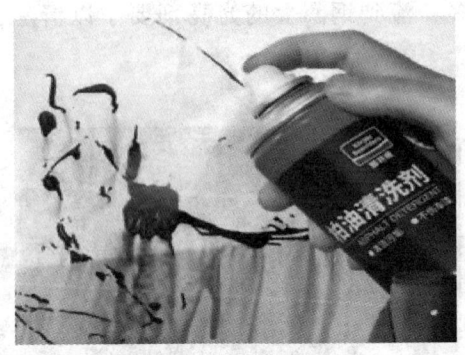

图 2-32　用手喷式柏油清洗剂去除顽渍

2）用有机溶剂清除，如含有醇类、苯类的有机溶剂和松节油等。一般用有机溶剂浸润后，擦拭清除。

3）用抛光机清除。使用抛光机清除时可加入适当的研磨剂，这样能有效地去除附着在车身表面的沥青、焦油等顽渍。但操作时要注意抛光机的转速和抛光盘的材质，避免抛光过度。

二、汽车外部清洗作业注意事项

1. 车辆清洗时要选用专用的洗车液，严禁使用肥皂、洗衣粉和洗洁精之类含碱性成分的普通洗涤用品洗车。否则会导致漆面失光、密封橡胶件老化，加速局部漆面脱落和金属腐蚀。

2. 要等车辆冷却下来，用手摸发动机舱盖不热时再清洗。车身表面很热时，水分蒸发得快，容易留下水痕，影响漆层和外观。

3. 严冬季节不要在室外清洗车辆，以防止水滴在车身上结冰，造成漆面破裂。

4. 洗车后车辆应停放在阴凉处，避免阳光直射和风沙污染，以免车身表面水滴干燥后留下斑点，影响清洗效果。

5. 在进行车辆冲洗时，水压不宜太高，喷水嘴应与车身保持一定距离。

6. 洗车各工序都应遵循由上至下的原则。

7. 擦拭车身漆面时，应使用软毛巾或海绵，并注意及时清洗其中硬颗粒，以免划伤车身漆面。

8. 车辆清洗吹干工序不能少。车身缝隙处的水滴若不及时吹干，时间久了会形成水垢，不但难以去除，还会引发生锈。

9. 钢圈黏附有沥青和油渍污物时，要及时使用专用清洗剂清洗去除。

第3单元 汽车漆面打蜡

模块1 汽车车蜡

一、汽车车蜡的作用

车蜡是车身表面最外层的保护,打蜡除了能增加漆面的光泽度外,其在车身表面形成的蜡膜还能有效地防止紫外线的照射,起到抗高温、抗氧化、防水、防划痕和研磨抛光等作用。

汽车车蜡有如下的作用:

1. 上光作用

上光是汽车车蜡的最基本作用之一,经过打蜡上光的车辆能不同程度地改善漆面的光洁程度,使车身恢复亮丽本色。

2. 修补浅划痕

当漆面出现浅划痕时可使用研磨抛光车蜡对受损漆面进行研磨抛光;若划痕不严重,则抛光和打蜡作业可同时完成。

3. 防水作用

汽车在使用过程中经常受到风吹雨淋,当水滴存留在车身表面受到强烈的阳光照射时,每个小水滴就成了一个凸透镜,聚焦作用能使焦点处的温度高达 800~1 000℃。另外，水滴的存在还容易使暴露的金属表面锈蚀，导致漆面暗斑，影响漆面质量及使用寿命。车蜡能使车身漆面水滴附着减少 60%~90%，而且能使水滴进一步平展，呈扁平状，不易产生透镜效应，使车身免受侵蚀和破坏。

4. 防静电

汽车静电的产生主要有两种原因：一种是纤维织物，如车内地毯、座椅、衣物等摩擦产生的；另一种是汽车运行时空气中的尘埃与车身金属表面相互摩擦产生的。无论是哪种原因导致的静电都给乘员带来诸多不便。

车蜡防静电作用主要体现在车身表面上，其作用原理是车身漆面通过打蜡可以形成蜡膜，防止空气、尘埃等与车身漆面直接摩擦，不但可以有效地防止车表面静电的产生，还可大大降低带电尘埃在车身表面的附着。

5. 抗高温

车蜡的抗高温作用是对来自不同方向的入射光产生有效的反射，防止入射光线穿透清罩漆从而导致底漆老化变色，延长漆面的使用寿命。

6. 防紫外线

车蜡防紫外线的作用与其抗高温的性能是相关的，只不过日光中的紫外线较易折射进入漆面。防紫外线车蜡充分地考虑了紫外线的性能，使其对车身漆面的侵害降低到了最大限度。

7. 防划伤

车身表面打蜡后，形成的蜡膜具有一定的硬度和厚度，可以防止细小的划伤。

8. 防氧化

打蜡后车身表面形成一层蜡膜，可以较好地防止漆面油分的损失，不容易形成氧化层。

9. 防酸雨、防酸碱水雾

车身表面打蜡后，形成的蜡膜具有一定的硬度、厚度及光洁度，可以防止酸雨、酸碱水雾等侵蚀车身漆面。

二、常用的汽车车蜡产品与开蜡水

汽车车蜡以天然蜡或合成蜡为主要成分，它通过渗透入漆面的缝隙中使表面平整而起到增加光亮度的作用。传统汽车打蜡是以上光保护为主，随着汽车美容业的发展，研磨蜡的出现及其日益广泛的应用，汽车打蜡被赋予了新的内涵。

常用的汽车蜡产品有一般保护性车蜡与高级美容车蜡。

一般保护性车蜡由于油膜与漆面的结合能力差，所以常常因下雨或冲洗等因素流失，保护时间较短。高级美容车蜡除了具有一般保养蜡的功能外，还含有一种活性非常强的渗透剂，这种渗透剂能够使车蜡迅速渗透入漆层表面，其特殊的分子结构可以和漆面之间产生牢固的结合力，上蜡后的漆面看起来浑然一体。

1. 去污蜡

去污蜡（见图3-1）具有去污、防锈、防垢和保持光亮的功能，能够恢复漆面及金属面的鲜艳色泽。可修复发丝划痕、褪色并去除污垢，还原车漆光泽。它含有柔和型聚合物抛光剂，不伤害车漆，使用简便。

2. 亮光蜡

亮光蜡（见图 3-2）为持久型保护蜡，不会伤害新车的漆面，使用后可在漆面上形成保护膜，防止漆面氧化、酸雨腐蚀等，并使漆面不易沾染灰尘。亮光蜡内含色彩鲜艳剂，品质稳定，可保持车身漆面光亮持久。

图 3-1 去污蜡

图 3-2 亮光蜡

3. 防水蜡

防水蜡（见图 3-3）以蜡为基础，使用后可以产生稳定、防水的保护膜，亦可去除车身油污，防止生锈。

图 3-3 防水蜡

4. 抗静电蜡

抗静电蜡（见图3-4）又称防静电防尘蜡。抗静电蜡含有高效活性抗静电剂，能有效中和车身表面上正、负离子，减少静电的产生，防止因静电而吸引尘埃、黏附污垢，能更长时期保持洁净。该蜡还有补平微观缺陷及上光的功能，可增强汽车表面的深润亮泽感和提高反光度，令汽车表面亮丽如新。

图3-4 抗静电蜡

5. 研磨蜡

研磨蜡又称砂蜡，如图3-5所示。研磨蜡的主要成分为研磨剂、地蜡、矿物油及乳化剂等，能够清除划痕、橘纹及填平细小针孔等，可用于汽车漆面的划痕处理及漆膜的磨平作业。

图3-5 研磨蜡

6. 彩色蜡

彩色蜡（见图3-6）适用于各种汽车漆面，即打即抛，省时省力。汽车使用相应颜色的彩色蜡，可对漆面起到修饰作用，掩盖轻微细小划痕。这种蜡呈黏稠乳状，含有天然巴西棕榈、增色剂、油分添加剂，能在金属漆面上形成三层蜡膜，有效保护漆面不受损伤。

图3-6 彩色蜡

7. 掸子蜡

掸子蜡如图3-7所示，其主要添加有硅酮类高分子化合物、润滑剂等，能够渗透、密封因氧化而引起的毛细孔、裂纹等，使汽车表面凹凸处变得平滑，形成均匀持久的蜡膜。

掸子蜡是合成硅蜡，能增强掸子的防尘功能，最大限度地减少尘埃对车漆造成的发丝划痕，使车漆光泽亮丽。

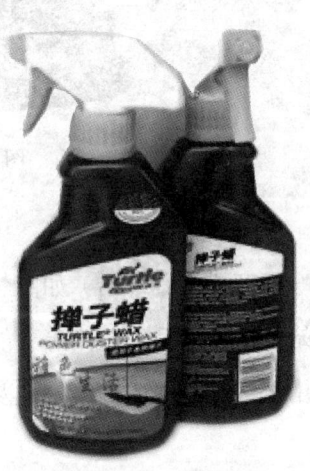

图3-7 掸子蜡

8. 黄金镜面蜡

黄金镜面蜡（见图3-8）是一种高性能的护理型天然蜡，适于各种气候条件下使用。黄金镜面蜡含有巴西棕榈成分和聚碳酸酯，对漆面渗透力极强，能有效护理汽车漆面，适用于新车护理及旧车的轻微褪色、老化漆面和金属漆面的清洁、上光和保护，能产生数周不留花斑的迷人光泽。

图 3-8 黄金镜面蜡

9. 封釉车蜡

封釉车蜡又称太空釉，如图 3-9 所示。封釉车蜡内含多种聚合物和高分子釉剂，能在漆面形成一层坚硬、有深度的光亮膜，用于抛光后各种车辆的漆面釉质镀膜，使用后能去除抛光作业时产生的光环、划痕，使氧化严重的漆表面焕然一新。此种车蜡有较强的耐洗、耐高温、抗磨损、防腐蚀能力，可增加光亮度，光亮釉膜可保留一年左右。

图 3-9 封釉车蜡

10. 底盘装甲蜡

底盘装甲蜡又称塑料防撞蜡，如图 3-10 所示。底盘装甲蜡主要用在底盘装甲，适用于漆面、橡胶及 PVC 烤漆，可长久防止底盘腐蚀及碎石的碰击，预防漆膜表面颜色的改变，达到隔音防锈的效果。

11. 新车保护蜡

新车保护蜡又称特氟隆蜡，如图3-11所示。新车保护蜡内含有大量的高分子聚合物成分，具有防酸雨、防腐蚀、抗潮湿、防氧化的功能，可深入漆面的表层，效果牢固、持久，对车漆具有极强的保护功能。该蜡内含抛光剂，可使褪色或轻度划痕的车身表层光滑如初。

图3-10　底盘装甲蜡

图3-11　新车保护蜡

12. 开蜡水

开蜡水又称开蜡液,如图 3-12 所示。开蜡水可用于清除车漆表面的各种蜡质、油渍等,不伤漆面,适宜车漆开蜡或清除旧蜡。也可用于车身表面沥青、昆虫的尸体及其他顽固污渍的清除,还可用于发动机表面的清洁。

三、汽车车蜡的正确选用

图 3-12 开蜡水

目前,汽车美容护理用品市场上车蜡种类繁多,由于各种车蜡的性能不同,其效果也不一样,所以在选用时必须慎重,选择不当不仅不能保护车身漆面,反而会使车身漆面变色。一般情况下,应根据车蜡的作用特点、产品性能、车辆的新旧程度、车漆颜色、行驶环境及使用季节等因素综合考虑,具体选用可参考以下原则。

1. 根据车辆运行环境选用

由于车辆的运行环境不同,所以在车蜡的选择上对汽车漆面的防护应该有所侧重。例如:沿海地区宜选用防盐雾功能较强的车蜡;化学工业区宜选用防酸雨功能较强的车蜡;多雨地区宜选用防水性能优良的车蜡;光照强烈的地区宜选用防紫外线、抗高温性能优良的车蜡;经常行驶在泥泞、尘土、沙石等恶劣道路环境中的汽车,则应选用保护功能较强的硅酮树脂蜡。

2. 根据漆面质量选用

对于中高档车,其漆面质量好,宜选用高档车蜡;普通轿车或其他车辆可选用一般车蜡。

3. 根据漆面新旧选用

新车或新喷漆的车辆可直接使用上光蜡，以保持车身的光洁和颜色；旧车或漆面有反射光痕的车辆可选用研磨蜡，对其进行抛光处理后再用上光蜡上光。

4. 根据季节不同选用

夏季一般光照较强，宜选用防高温、防紫外线能力较强的车蜡；冬季不要选用水蜡。

5. 根据车漆颜色选用

一般深色车漆应根据车漆颜色选用黑色、红色、绿色系列的车蜡；浅色车漆应根据车漆颜色选用银色、白色、珍珠色系列的车蜡。

模块2　汽车漆面打蜡工具与设备

随着科技的进步，汽车美容业也越来越专业化。现代汽车漆面打蜡工具与设备，大多使用专用工具。

一、漆面打蜡工具

常用的漆面打蜡工具包括以下三种。

1. 打蜡海绵

打蜡海绵（见图3-13）质地柔软，吸纳性好。在使用过程中，应将蜡打在海绵上再对车身表面进行打蜡。使用时不用弄湿海绵，蜡本身具有油性，还可渗入海绵内。

图 3-13　打蜡海绵

2. 打蜡手擦套

打蜡手擦套（见图 3-14）采用纯棉纤维加工而成，线丝柔软，在使用的过程中不会损坏车漆。棉丝连线精密不易脱线，使用更为长久。它可以用来清除汽车车身的灰尘。

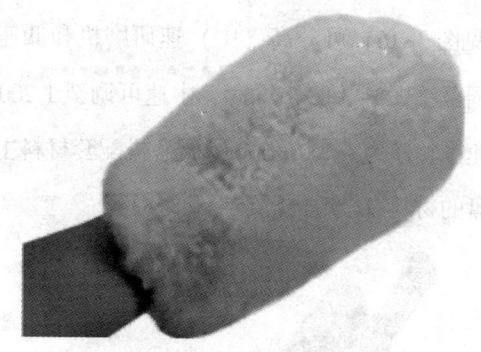

图 3-14　打蜡手擦套

3. 打蜡毛巾

打蜡毛巾（见图 3-15）用于汽车上蜡后手工抛光和车身清洁等。它具有静电除尘功能，有较强的吸水性和去污性，不易脱毛，易清洁。

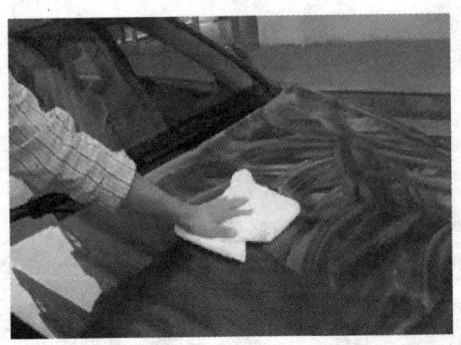

图 3-15 打蜡毛巾

二、漆面打蜡设备

1. 研磨机

研磨机（见图 3-16）可分高（中）速研磨机和低速研磨机。高速研磨机转速可调至 1 200~3 000 r/min，中速可调至 1 200~1 600 r/min，低速一般为单速，转速为 1 200 r/min。研磨机配套材料主要是研磨盘和抛光盘。研磨盘的材料有全毛、混纺毛和海绵等。

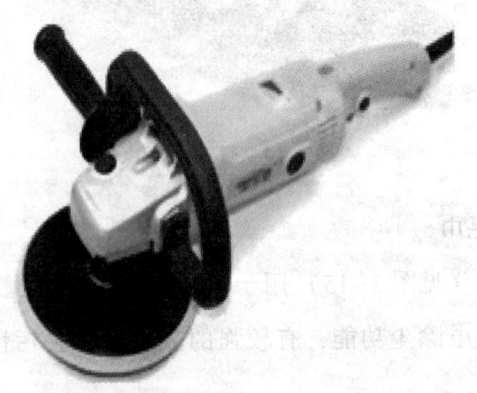

图 3-16 研磨机

2. 打蜡机

打蜡机（见图 3-17）上蜡效率高，上蜡时将车蜡涂在打蜡机的打蜡海绵上，具体涂抹过程和手工打蜡相同，值得注意的是，在边、角、棱处的涂抹应避免超出漆面，而在这方面手工涂抹更容易把握。

图 3-17　打蜡机

3. 抛光机

抛光机（见图 3-18）要根据不同车蜡的说明使用，一般涂抹后 5～10 min 即可进行抛光。抛光时应遵循先上蜡先抛光的原则，确保抛光后的车身表面不受污染，抛光作业通常使用无纺布毛往复直线运动，适当用力按压，以清除剩余车蜡。

图 3-18　抛光机

三、打蜡注意事项

1. 打蜡作业环境要清洁,通风良好,有条件可设置专门的无尘打蜡工作间,如图3-19所示。

图3-19 无尘打蜡工作间

2. 应在阴凉处给汽车打蜡,否则车身表面温度过高,车蜡附着能力会下降,影响打蜡效果。

3. 打蜡时,打蜡海绵及打蜡机的运行路线应为直线往复,如图3-20所示,不宜环形涂抹;否则,会由于车蜡涂层厚度不均造成强烈的环状漫射。

图3-20 手工打蜡运行路线

4. 打蜡时应遵循先上后下的原则，即先涂抹车顶，然后涂抹前后盖板，最后涂抹车身侧面。

5. 抛光作业要在上蜡完成后规定的时间内进行，且抛光运行路线应为直线往复。未抛光的车辆不宜上路行驶，否则，再进行抛光时易造成漆面划伤。

6. 抛光结束后，要仔细检查，清除车牌、车灯、门边等处残存车蜡，防止发生腐蚀。

7. 要掌握好打蜡的频率，由于汽车行驶及停放环境不同，打蜡间隔也应有所差别，可以用手擦拭车身漆面，若无光滑感，则应进行再次打蜡。

模块3 汽车新车开蜡

一、新车封蜡的类型

新车下线时，为了避免车体表面在露天停放或者运输过程中遭受风吹雨淋、烈日暴晒、烟雾及酸雨侵蚀的损害，必须进行喷蜡覆盖（也称封漆蜡或保护蜡）保护，以防漆面腐蚀老化、生锈。在新车交付正常使用后，这层保护蜡必须除去，即必须对新车进行开蜡和美容维护。因此，当购买新车后，为使车辆焕发出亮丽风采及保持其长久的寿命，首先要做好新车的开蜡和美容维护工作。

新车下线时，常见的新车封蜡类型有以下三种形式：

1. 油脂封蜡

油脂封蜡车身表面蜡壳呈现半透明状态。它可以为车身表面提供极坚固的保护层，即使碱性极高的海水飞溅到涂有封蜡的车身表面也不能对其造成任何损害。油脂封蜡可防止新车运输过程中可能遭受到的轻微剐蹭，如树枝、风沙或其他人为造成的轻微损伤，并可抵御常见有害物质的侵蚀。

2. 树脂封蜡

树脂封蜡车身表面蜡壳呈现透明状态。主要用于短途运输车辆的车身表面保护，可为车身表面提供良好的硬质保护层，能防止新车运输过程中人为轻微剐蹭造成划痕，但不能抵御海水的侵蚀。

3. 硅性油脂保护蜡

硅性油脂保护蜡车身表面蜡壳呈现亚透明状态。主要在新车出厂时为车辆提供短期的保护层，能够有效防止紫外线、酸碱气体、树枝、风沙等一般性的侵害和损伤。对于海水或新车运输过程中所造成的剐蹭现象不能起到很好的保护作用。

二、新车开蜡的操作方法

1. 选择开蜡水

开蜡水又称开蜡液、去蜡水，是开蜡作业最重要的用品。开蜡水对车蜡具有极强的溶解能力，并具有油污分解能力，一般来说5 min左右就可以将车身表面的保护蜡层完全溶解，可用于新车开蜡和旧车美容前除蜡，对硅性油脂保护蜡尤其有效，也可用于车身表面沥青、昆虫及其他顽固污渍的清除，还可用于发动机表面的清洁。在选择开蜡水时，应选用对漆面及塑料、橡胶件没有腐蚀的开蜡水。

2. 开蜡环境

在环境温度20℃以上时，准备好高压清洗机、喷雾器等，选择阴凉无风地段，远离草木进行开蜡。

3. 开蜡作业

（1）车身清洁。对车身进行高压冲洗，使用清洗机从上向下冲洗车身表面，去除车身表面的尘埃及其他附着物，如图3-21所示。

图3-21　从上向下冲洗车身表面

（2）配制开蜡水。将浓开蜡水按说明书中的比例与水进行混合，配制成比例合适的开蜡水，装入手动和电动喷雾器中待用。

（3）喷洒开蜡水。用喷雾器按自上而下的顺序将开蜡水喷于车身表面，确保每个部位都被溶液覆盖，保持湿润5 min左右，使开蜡水完全渗透蜡层。

(4)清除封蜡。用毛巾或无纺布擦拭车身表面,然后用高压水枪冲洗,注意缝隙处应不留残液,并用棕毛刷刷洗缝口、裙边及轮胎等处。

(5)检验开蜡效果。检查车辆表面是否残留有未清洗的蜡迹,若存在,则应将其清洗干净,如图3-22所示,最后将车擦干。

图3-22 用风枪与半湿布除去残留蜡迹

三、新车开蜡注意事项

1. 进行高压冲洗时,水枪喷水压力不要高于7 MPa。

2. 高压冲洗只需要冲掉车身表面的灰尘及泥沙等可能影响除蜡效果的污物杂质。因此,在开蜡前冲洗时可以不使用洗车液,以免造成无谓的浪费。

3. 开蜡水喷洒一定要均匀,边角缝隙处不可忽视。

4. 喷洒开蜡水后,要待开蜡水完全渗透蜡层并使其开始溶解才能用毛巾擦拭。

5. 最后的清洁及擦干要按洗车作业规程实施。因为经开蜡水清洗开蜡后，仍会有部分蜡质及杂质残留在车身及缝隙处。

6. 新车开蜡必须选用正规的开蜡用品，严禁使用汽油、煤油等。新车开蜡必须在正规的汽车美容店进行。

7. 冬季开蜡比较困难，因气温低，开蜡水不能与车身上的封漆蜡很快地发生化学反应，从而有可能导致开蜡失败。所以开蜡工作最好选择气温在20℃以上时进行。

四、新车开蜡后的上蜡

1. 新车蜡的选用

一旦汽车表面的封漆保护蜡被除去后，就要立即涂抹新车上光蜡，以保证汽车漆膜能得到有效的保护。新车上光蜡主要有两种：新车保护蜡和新车蜡。

（1）新车保护蜡。新车保护蜡又称特氟隆蜡。新车保护蜡内含有大量的高分子聚合物成分，主要是"特氟隆"，它有很强的防酸雨、防腐蚀、抗氧化、抗腐蚀功能，这种蜡在正常洗车情况下是不会被洗掉的，涂抹一次一般能保持一年之久。

国内目前普遍使用的叫作"隐形车衣"的新车保护蜡就是这种保护蜡。

（2）新车蜡。新车蜡（见图3-23）既是一种柔和性的蜡，又是一种没有添加任何研磨剂的抛光剂。主要起到保护新车表面不受酸雨、腐蚀物质侵入的作用，并具有一定的抗潮湿、防氧化的功能。这种新车蜡保持期短，通常不到一年。

图 3-23 新车蜡

2. 新车开蜡后的上蜡

新车开蜡后的上蜡作业规程可参考汽车漆面打蜡工艺规程实施。

模块 4　汽车漆面打蜡工艺

一、汽车漆面打蜡工艺程序

为了保证汽车漆面打蜡有良好的效果,执行正确的打蜡工艺程序是非常必要的,其具体操作步骤如下。

1. 汽车清洗

在打蜡前,必须对车辆进行彻底清洗。注意,在清洗时必须使用专用洗车液,不能使用洗洁精和肥皂水,如图 3-24 所示。清洗后将车体擦干再上蜡,如果车身表面的油漆已经褪色或氧化,则必须在清除掉旧的和氧化的油漆并修复漆面后,才能打蜡。

第 3 单元　汽车漆面打蜡

图 3-24　使用专用洗车液洗车

2. 打蜡前的车身研磨

车身研磨又称打底，如图 3-25 所示。将老化的烤漆磨去，是打蜡成败的关键。如果车身面漆凹凸不平不容易上蜡，蜡也无法形成均匀的膜，很难磨亮。使用含有研磨剂的复合蜡打底处理时，应在烤膜较薄的地方用胶带贴起来保护。研磨时以 30~40 cm^2 为单位进行，或将车身分成一片一片仔细研磨，如果一次磨的面积太大，会造成涂抹不均匀。

图 3-25　打蜡前的车身研磨

3. 车身表面上蜡

车身表面上蜡分为手工上蜡和机械上蜡。

(1) 手工上蜡。首先将适量的车蜡涂在海绵上（使用专用打蜡海绵），然后按一定顺序往复直线或环形均匀涂布，涂布时应分阶段分块进行，手感力度一定要掌握好，不必使劲擦，每道涂布都要与上道涂布有 1/5~1/4 的重叠，防止漏涂并保证涂布均匀，如图 3-26 所示。

(2) 机械上蜡。将车蜡涂在打蜡机海绵上，然后用打蜡机在车身表面上蜡，如图 3-27 所示。具体涂布过程与手工上蜡相似，值得注意的是，在边、角、棱处的涂布应避免超出漆面。

图 3-26 上蜡涂布有 1/5~1/4 重叠

图 3-27 机械上蜡

4. 抛光

一般上蜡后 5~10 min 即可抛光，抛光分为手工抛光和机械抛光。

(1) 手工抛光。手工抛光时应先用手背感觉车蜡的干燥程度，以刚刚干燥而不粘手为度。手工抛光作业通常使用打蜡海绵按照一定的顺序作往复直线运动，在抛光时应适当用力挤压，以清除剩余车蜡，如图 3-28 所示。

图 3-28 使用打蜡海绵手工抛光

（2）机械抛光。机械抛光使用抛光机进行，使用抛光机处理时应等车蜡完全干燥后才能进行，抛光机转速应设置较低，一般控制在 1 000 r/min 以下，抛光时要注意用力均匀及抛光方向的一致性，以保证抛光后光线漫反射面一致，体现出深度的光泽，如图 3-29 所示。

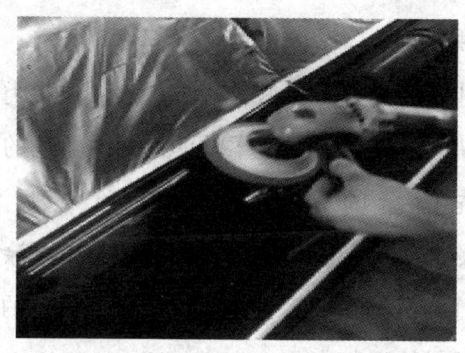

图 3-29 上蜡后的机械抛光

二、汽车漆面打蜡注意事项

汽车打蜡质量的好坏不但与车蜡的品质有关,而且与打蜡作业方法密切相关。操作不好会使车辆美容变成毁容。要做到正确打蜡,在汽车漆面打蜡时应注意以下几点:

1. 掌握好上蜡的频率

由于汽车行驶的环境与停放场所不同,各种车蜡的保持时间也不同,因而打蜡的时间间隔也应有所区别。一般通过目视感觉漆面发乌、光泽感差,或用手触摸车身漆面,感觉发涩无光滑感时,就应该进行再次打蜡。正常应 2 个月左右打一次蜡。

2. 注意打蜡的环境

打蜡作业应在室内进行,周围环境要清洁,要有良好的通风,以免沙尘附着在车身上,影响打蜡质量,甚至产生划痕。另外,打蜡应避免在车身表面温度过高时进行,否则会使车蜡附着能力下降,影响打蜡效果。

3. 注意打蜡方法

在打蜡作业时要穿好工作服,摘下手表、戒指类饰品,以防将漆面划伤。打蜡时尽量采用质地柔软的海绵或柔质的干净棉布均匀涂抹。应遵循先上后下的原则,即先涂抹车顶、然后涂抹前后盖板、最后涂抹车身侧面等,一次作业要连续完成,不可涂涂停停。打蜡时手工海绵及打蜡机海绵的运行路线应该按照一定的顺序进行,防止出现光线漫反射的不一致。

4. 注意打蜡范围

上蜡时要注意涂抹的地方,注意不要涂到车窗和风窗玻璃上,否则在玻璃上形成油膜很难擦干净。

5. 掌握好力度和转速

上完蜡，采用机械抛光时，应控制抛光的力度和转速，避免因力度过大、转速过高而损伤车漆。若海绵上出现与车漆相同的颜色，则可能是漆面已经破损，应立即停止抛光，先进行修复处理。

6. 注意检查整理

抛光结束后，要仔细检查整理各种板间缝隙和高差、转角和孔隙等处以及车门、车窗密封橡胶的边条缝、车牌、车灯、门边等处残存的车蜡，防止产生腐蚀。

三、汽车漆面打蜡的检验标准

汽车打蜡抛光后要检查整个车身的护理质量，特别是车身较显眼的地方，如果发现蜡上得不均匀，产生无序的反光现象，可用干净的无纺棉布轻轻擦，也可以用抛光机重新进行抛光，直到光线反射一致为止。此外，要仔细检查全车转角、孔隙等隐蔽处是否有残存的车蜡。打蜡结束后，设备及用品要做适当的清洁处理，妥善保存。总的来说，汽车打蜡的标准是涂抹均匀，施工后清洁彻底，有光泽。

无论是手工上蜡还是机械上蜡，都要保证漆面均匀涂布。涂蜡的量要视车漆状况而定，蜡太多会增加抛光的工作量，而且还容易沾上灰尘；蜡太少又无法填补车身的缝隙。一般来说，新车上蜡1~2层，旧车可上蜡3~4层。

如果想使车蜡保持时间长久些，可以在打完蜡的车身上涂上一层护车素，既可以保护车蜡，又可提高车漆表面的光泽度，还可以起到一定的防晒、防酸雨的功效。

第 4 单元 汽车漆面抛光

漆面抛光是汽车美容技术中主要的组成部分。抛光能够消除漆面细微划痕，修补汽车漆面损伤及各种斑迹，达到光亮无瑕的漆面效果。抛光技术的高低直接关系到汽车美容的最终效果。车身漆面彻底清洁后，就可以根据漆面损伤的程度进行抛光处理。

模块 1 汽车漆面抛光简介

汽车车身涂料一般由底漆涂层、中间涂层和面漆涂层组成。目前使用的面漆涂层大多包括有色面漆层和罩光清漆层，面漆是汽车多道涂层中的表面涂层。面漆涂层处理得好与坏，是决定汽车是否美观的重要因素，因此，漆面必须具有较高的鲜艳性、耐候性。

汽车面漆常采用丙烯酸类与聚氨酯类交联涂料，易受到酸雨、紫外线、尘土、柏油等外界环境因素的影响，从而使涂层发生各种物理和化学变化。例如，落到汽车表面上的酸雨随着水分的挥发，酸浓度增大，对漆膜的腐蚀也随之增加，严重时会使漆膜出现凹坑或失光；涂料在酸催化下易发生水解，使涂层失光，产生凹斑；阳光紫外线也会使漆面内部组织发生异变，发生氧化而发硬，造成漆面褪色，失去光泽，甚至产生细小的裂纹；尘土、泥浆、柏油、虫尸等粘在漆面上，会吸附含酸的水滴，不断聚集有害物质，腐蚀车身，损坏光亮的表面。

汽车抛光剂可以在面漆上形成一层坚硬的保护薄膜，填充微小的凹陷，减轻灰尘等的吸附，保持车身的鲜艳整洁，如图4-1所示。

图4-1 车身漆面研磨、抛光前后对比

抛光是研磨之后的一道工序，和研磨的作用不同。研磨是把漆面打平，除去条纹、氧化层等深层污染；抛光是研磨后进一步平整漆面，除去研磨残余条纹，抛光剂中的滋润成分深入漆面，使漆面展现柔和的光泽。抛光剂也可以单独使用以去除轻微氧化和污垢。抛光后的效果如图4-2所示。

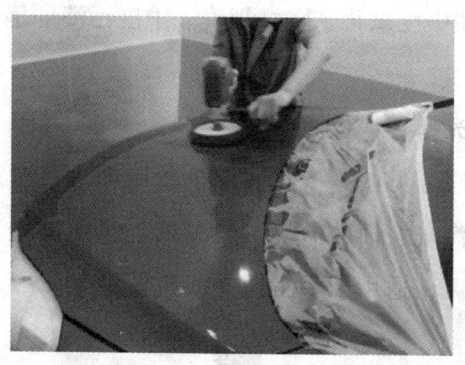

图 4-2 抛光后车身漆面光洁如镜

模块 2 汽车漆面抛光用品

一、漆面抛光剂种类与功能

抛光剂是汽车美容修复蜡中的一种,主要含有不同磨削程度的磨料颗粒。抛光质量的好坏对车漆外观效果及耐腐蚀能力的影响很大。

抛光剂俗称抛光蜡,常用的抛光剂种类有抛光粗蜡、抛光细蜡、镜面抛光蜡等,分别适用于不同情况的漆面抛光处理。

1. 抛光粗蜡

抛光粗蜡如图 4-3 所示。抛光粗蜡有中切削和细切削之分,主要用于漆面严重氧化、粗划痕、中度酸雨侵蚀、水磨砂纸痕迹、轻微酸雨腐蚀、橘纹尘粒及流痕的手工或机械研磨。

2. 抛光细蜡

抛光细蜡(见图 4-4)用于汽车漆面轻度氧化层、细小划痕、圈纹水渍、污渍中度氧化、轻微划痕、中度污渍的手工抛光或机械抛光。

3. 镜面抛光蜡

镜面抛光蜡（见图4-5）有深色车用和浅色车用两种。镜面抛光蜡能清除汽车表面的微痕、旋涡纹、粗蜡抛光后的旋纹、轻度氧化层及水斑，适用于手工抛光或机械抛光。

图4-3 抛光粗蜡　　　图4-4 抛光细蜡　　　图4-5 镜面抛光蜡

二、漆面抛光剂的作用与特点

1. 抛光剂的作用

抛光剂含有研磨剂、去污剂、还原剂、光亮剂等多种成分，专为车身漆面抛光而设计。这种产品抛光速度快，可快速去除交通膜（汽车行驶与空气摩擦产生静电吸附灰尘等形成的一层脏膜）及中度划痕，不伤漆面，不留光环。抛光后残留物少，容易擦净，克服了其他同类产品抛光后残留物到处飞溅，不易清除的缺点。抛光剂可有效解决漆面划痕、亚光、褪色、氧化、粗糙等缺陷，尤其适用于旧车漆面、划痕较深的漆面，如橘皮、流挂等。

2. 高品质抛光剂的特点

（1）采用氧化铝磨料颗粒，抛光速度快且效果好。相比之下，含硅、蜡和其他添加剂产品的抛光剂，耐久性差，化学作用得到的光泽效果短暂。

（2）不含硅。含硅产品会在漆面产生所谓的"硅穴"，甚至会对底漆涂层造成伤害。

（3）水基产品，使用方便，满足环保要求，没有健康危害。用水作为溶剂，抛光后很容易清洁，如果它飞溅到零件上，用湿布一擦即可擦净。

（4）只会产生极少的粉尘，抛光结束后不再需要用水冲洗。

模块3　汽车漆面抛光工具与设备

随着科技的进步，汽车漆面抛光也越来越专业化。现代汽车漆面抛光，大多使用专用工具与设备，其特点是专业性强、使用方便、质量好。

一、漆面抛光工具

1. 纯棉毛巾

纯棉毛巾（见图4-6）具有柔软、防静电的特点，用来遮蔽或擦拭车身，对车身无任何损伤，且能更好地提升车身的光泽度。

图4-6　纯棉毛巾

2. 抛光海绵轮

抛光海绵轮（见图4-7）质地柔和，易控制抛光程度，与全毛轮、混纺毛轮相比，对操作的技术要求相对较低，适合做透明漆的研磨及抛光。黄色海绵轮质地较硬；白色海绵轮质地较软且细腻。

图4-7　抛光海绵轮

3. 抛光全毛轮

抛光全毛轮如图 4-8 所示。抛光全毛轮切割能力强，在没有研磨剂、抛光剂的情况下，毛料仍有一定的摩擦能力。抛光全毛轮多用于普通漆的研磨、抛光。

图 4-8　抛光全毛轮

4. 抛光混纺毛轮

抛光混纺毛轮如图 4-9 所示。混纺毛轮盘安装到抛光机上作为抛光打磨的毡垫，按材质不同有毛巾毡垫、羊毛毡垫、兔毛毡垫等。混纺毛轮在使用时对技术操作的要求比较高，在抛光作业时可结合使用某些研磨剂、抛光剂，可在透明漆上抛光使用，它比全毛轮柔和，也可用于普通漆的研磨、抛光。

5. 喷壶

喷壶如图 4-10 所示。在抛光作业时，应始终保持抛光盘和漆面处于常温状态，在漆面温度升幅超过 20℃ 时，应使用喷壶对抛光漆面喷水降温。

图 4-9 抛光混纺毛轮

图 4-10 喷壶

二、漆面抛光设备

1. 抛光机的类型

进行汽车车身漆面抛光的主要设备是抛光机。按使用方式不同，抛光机可分为立式和卧式两种，大多数汽车美容店均使用卧式抛光机。按动力驱动方式不同，抛光机可分为气动式抛光机和电动式抛光机两大类。

（1）气动式抛光机。气动式抛光机（见图4-11）比电动式抛光机质量轻，便于手提。其转速随气压的升降而改变，最高转速可达 2 000~2 500 r/min。

（2）电动式抛光机。电动式抛光机（见图4-12）的回转力矩基本上不随抛光阻力而变，机体有一定质量，工作相比气动式抛光机更加平稳，适宜于抛光作业。功率也比气动式大，能缩短作业时间，被广泛采用。

图4-11 气动式抛光机

图4-12 电动式抛光机

2. 抛光机的使用操作要领

(1) 转速调整。粗抛光时,转速一般不要高于1 200 r/min;精细抛光时,转速要调高到1 800 r/min。普通抛光机上有1~6个不同的速度挡位,高档的抛光机速度调节是无级的,可以在静止到最高转速之间任意调节,满足不同的抛光工艺要求。

(2) 抛光角度。抛光轮与被抛光表面成10°左右夹角为宜,抛光时不要过分用力按压,保证抛光机不晃动即可。

(3) 抛光完毕。抛光完毕,应将抛光海绵取下,如图4-13所示,清洗干净后单独放好。抛光机存放时要使抛光盘向上。

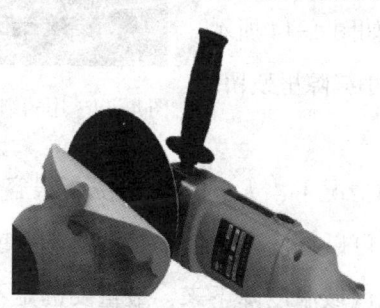
图4-13 将抛光海绵取下

模块4 汽车漆面抛光工艺

一、漆面抛光工艺操作规程

汽车抛光作业,从接车到交车分为9个流程,各流程的操作顺序不能颠倒,每项作业要精确到位。

汽车漆面抛光操作工艺流程如下:①洗车→②验车→③清除表面杂质→④遮蔽→⑤研磨→⑥抛光→⑦还原→⑧清洁→⑨漆面检验。

1. 洗车

首先应使用中性洗车液,用柔软质地的海绵或毛巾擦洗,注意及时清理,严禁有沙粒残留在海绵内,之后用较柔软的毛巾或精细麂皮擦净车身表面,如图4-14所示,最后用吹风枪将细小缝隙里残留的水分吹干。

图4-14 用精细麂皮擦净车身表面

在气温较高的情况下,尤其是夏季洗车很容易产生水痕现象,为避免水痕出现,可以在洗车前使车自然冷却,或用清水让前发动机舱盖等面积较大区域温度降下来,最重要的是不要在阳光直射的室外洗车,擦拭的速度要快。

北方冬季洗车应安排在装有暖气或空调的室内,以防结冰。

2. 验车

对车身漆面进行全面、彻底的检查，在较好光线下观察并掌握车漆的状况，对于有瑕疵和损伤的应做好记录并及时向客户说明。

3. 清除表面杂质

汽车经彻底吹干后，用如图4-15所示的专用美容洗车泥去除车身漆面毛细孔上附着的铁粉、沙粒、胶质、飞漆和化学尘埃。工作时，应一只手拿喷壶喷洒调配好的清洗液（清洗液起到润滑作用，以免操作不当产生新的划痕），另一只手持洗车泥平顺地沿直线来回搓擦漆面，如图4-16所示。注意及时把洗车泥上黏着的杂质去除。

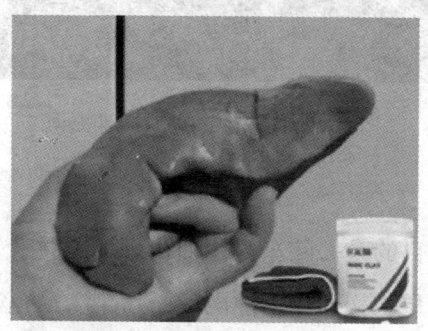

图4-15 专用美容洗车泥

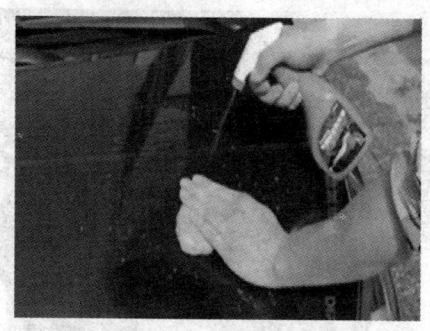

图4-16 清洗液配合美容洗车泥除杂质

4. 遮蔽

进入无尘施工车间后,用美纹纸(纸胶带)将车标、装饰条、门把手、倒车镜、玻璃胶条等非漆面逐一封好,如图4-17所示。这个流程的目的是防止在操作过程中误伤以上部件,同时省去施工后清洁的麻烦。

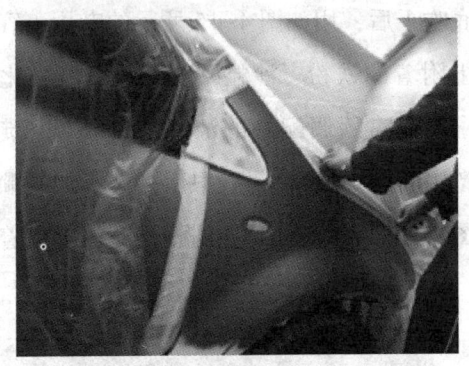

图4-17 粘贴美纹纸保护非漆面

5. 研磨

研磨作业的目的是去除车身漆面出现的氧化、轻微失光或细小划痕,去除氧化层、交通纹、静电纹、污染、褪色等影响漆面外观的深层问题,使汽车漆膜表面相对平整光滑,如图4-18所示。

图4-18 研磨

6. 抛光

抛光是研磨的后一道工序，和研磨的作用不同。研磨是把漆面打平，除去条纹、氧化层等深层污染；而抛光是研磨后进一步平整漆面，除去研磨残余条纹，抛光剂中的滋润成分深入漆面，使漆面展现柔和的自身光泽，如图4-19所示。

图4-19　抛光

7. 还原

由于在研磨抛光过程中研磨剂使用过多，抛光时抛光盘行走的轨迹不一、漆面较软、抛光不彻底等原因而出现的漆面旋光现象，必须进行漆面还原即镜面处理。可用抛光机配合海绵加还原剂提光还原，如图4-20所示。在进行提光还原时，抛光机转速控制在1 500~2 000 r/min。在操作时，要横竖交替进行，轻微用力，动作距离一般在60~80 cm为宜，往边缘方向轻微提起抛光机。

8. 清洁

首先用全能水（见图4-21）去除美纹纸，同时配合软质毛巾清洁车身以下部位：车身外饰件、玻璃、漆面、边缝、轮毂、轮胎等。

图 4-20　海绵加还原剂提光还原　　　图 4-21　全能水

使用全能水时，握住喷头，直接将全能水喷于工作表面上，3 min 后用软质毛巾擦干或用清水冲洗即可。

9. 漆面检验

检查漆面是否光亮均匀，如有残余蜡点、手印、没抛掉的划痕或外界的尘沫、水滴等即可用手工去除。如图 4-22 所示，优良的漆面检验标准如下：①漆面光亮均匀，倒影清晰；②触摸漆面，干燥光滑，手感细腻；③漆面无尘无粉，边沿干净，饰条无损；④玻璃洁净透明，轮胎乌黑发亮。

图 4-22　漆面光亮、光滑、倒影清晰

二、漆面抛光工艺注意事项

1. 抛光部位顺序：右车顶→发动机舱盖→右前翼子板→右前车门→右后车门→右后翼子板→行李舱盖，研磨右半车身，按相反顺序研磨左半车身。进行车顶作业时可打开车门，在门边垫毛巾，踩在门边上操作。

2. 抛光中，严禁长时间在某一处原地研磨，以免过度研磨露出底漆。

3. 抛光过程中应及时清理研磨盘上的氧化层污垢及研磨剂等物，避免固化后难以处理及再抛光时划伤车漆。保持研磨盘的洁净，提高作业的效率。

4. 判断车漆的软硬程度，并根据划痕的深浅及车漆表面的光亮度适当用力。取研磨剂时要适量，若过多，会造成不必要的浪费；若过少，不但增加施工时间，而且容易损伤车漆。

5. 针对车身漆面的厚薄、软硬及"边、棱、筋"等部位具体情况，根据经验，仔细进行施工操作，用力不宜过大，否则可能会露出底漆。

6. 抛光机转速应小于 1 800 r/min；在开始抛光时用中等力度按压，随后用较轻力度；用料量为每 30 cm×30 cm 1~2 滴；海绵从右至左移动，与上道抛光区域有 1/2 的重叠，如图 4-23 所示。

图 4-23 从右至左，与上道抛光区域有 1/2 的重叠

第5单元 汽车漆面封釉与镀膜

模块1 汽车封釉简介

一、漆面封釉技术

汽车漆面封釉使用的产品是"车釉",简称"釉"。车釉是一种从石油副产品中提炼出来的抗氧化剂,其特点是抗氧化性较强、防酸、耐腐蚀、耐高温、耐磨、耐水洗、渗透力强、附着力强、光泽度高等。

汽车漆面封釉是将釉产品利用渗透或机械振抛挤压方式填充到漆膜表面的网状微孔中,经过常温或高温聚合,在车漆表面形成一层珐琅质的、透明光滑的保护膜,使漆面具有釉的特点,从而达到保护车漆,使车漆漆面保持光滑亮丽的目的,如图5-1所示为汽车漆面封釉前后对比。

汽车漆面封釉是一项专业性非常强的工作,它对场地、工具、技术及研磨剂的要求都很严格。封釉美容必须在室内进行,以防沙粒粘在漆面上造成浅划伤。

汽车使用过一段时间后,会形成一层老化的漆皮,在封釉前,一定要把漆面附着物抛掉,避免氧化层在漆面和釉面之间形成隔离,影响封釉效果。

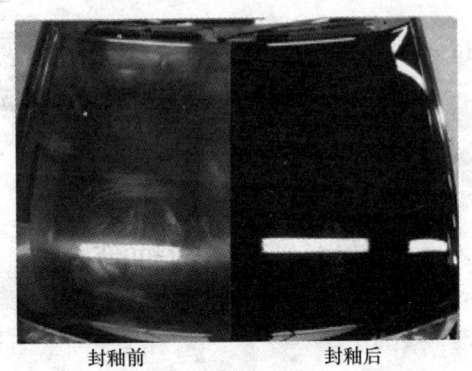

封釉前　　　　　　封釉后

图 5-1　汽车漆面封釉前后对比

二、封釉、整车封釉与上釉

1. 封釉

由于封釉工艺在汽车表面形成的水晶薄膜坚固又光亮,与日常所见的瓷器表面上的"釉"相近,质感相同,具有良好的密封性,所以称为"封釉"。

2. 整车封釉

对汽车的整体表面进行封釉称为整车封釉。

3. 上釉

釉分子能填充车漆表面的微孔起到密封作用,用专用的封釉机将釉通过挤压、振动的方式挤入车漆纹理中,形成一层牢固的网状保护膜,附着在车漆表面,这个操作过程就称为"上釉"。

三、漆面封釉与打蜡的区别

在前文"汽车漆面打蜡"中对汽车打蜡进行了详细的介绍,但汽车打蜡不是保护汽车漆面的唯一选择,汽车打蜡只是汽车美容的传统项目,近年来,随着汽车美容业的不断发展,汽车打蜡有被漆面封釉取代之势。车蜡与车釉的区别如下:

1. 车蜡与车釉组成成分不同

(1)车蜡的主要成分。车蜡的主要成分是聚乙烯乳液或硅酮类高分子化合物,并含有油脂成分,能提高漆面的亮度,但是遇水容易分解、寿命短、硬度低、不耐摩擦,所以需2个月打一次蜡。

(2)车釉的主要成分。车釉的主要成分是硅酸盐,它具有光洁度高、不溶于水、不怕火、抗酸腐蚀的特性,因此封釉后的车身漆面可以耐高温、耐水洗、耐摩擦、不易沾灰、不怕酸雨、抗氧化、抗紫外线,可长期保持汽车漆面光亮如新。

2. 溶水性不同

(1)打蜡的溶水性。汽车打蜡所使用的车蜡都是溶于水的,因此如果汽车刚刚打完蜡后碰上阴雨天气,打上的蜡就会被雨水溶解,起不到保护漆面和美容的作用。同时由于蜡可溶于水,打完蜡后给洗车也造成了诸多不便。

(2)封釉的溶水性。封釉不溶于水,因此做完封釉后,不用担心被水溶解的现象发生,可以长期保护汽车漆面。

3. 漆面保护效果不同

（1）打蜡漆面保护效果。传统的汽车打蜡都要先洗车后打蜡，频繁地洗车自然会对汽车漆面造成危害，久而久之就会使漆面变薄。

（2）封釉漆面保护效果。封釉不会损坏汽车原有的漆面，封釉能使流动的釉体在汽车漆面表层附着并以透明状硬化，相当于给汽车漆面穿上一层透明而坚硬的"保护衣"，因此可以起到保护汽车漆面的作用。

4. 漆面保护时间不同

（1）打蜡后的漆面保护时间。汽车打蜡后，漆面保护时间一般为2个月左右。

（2）封釉后的漆面保护时间。汽车做整车封釉后，可以为漆面提供一年左右的保护。并且为漆面提供了高硬度的保护层，减少了车身表面划痕的产生，同时避免了经常洗车的烦恼，汽车表面的灰尘也很容易擦拭。

模块2　汽车漆面封釉用品种类与功能

釉属于无机物，不易发生氧化反应，且光泽度好，保持的时间较长，能隔离紫外线，起到有效保护汽车漆面的作用。常见的封釉产品如下：

第 5 单元　汽车漆面封釉与镀膜

一、晶亮釉

晶亮釉（见图 5-2）为无色透明液体，如同流体玻璃，封到汽车漆面以后，会在填充漆孔的同时形成一层透明、晶亮的网络状保护层。它具有密封、渗透、增光、抗划痕、耐高温、耐酸碱、抗紫外线等特点。长期使用，可使汽车漆面呈现高光泽度，晶亮持久。

图 5-2　晶亮釉

二、太空釉

太空釉（见图 5-3）具有原液蜡的所有品质，并含有特效增艳成分，能还原车漆光泽，使漆面光亮如新。太空釉能抵抗烈日、风雨、尘污带来的侵蚀和磨损，有效抵御污染侵蚀、防止漆面氧化褪色，能形成镜面般高光泽度的保护层。

三、镜面釉

镜面釉（见图 5-4）含有聚硅类密封聚合物，能在车漆表面形成玻璃般的保护层，具有高硬度、镜面反射光泽、不易脱落的特点。在各种恶劣的天气下，使车身不沾灰、不易变黄、变暗，并抵抗各种腐蚀物、氧化物对车漆的侵蚀。其含抗紫外线成分，能防止紫外线对车漆的损害。镜面釉含有的固化剂，能渗透车漆层并形成"液体玻璃"，层层积累，不溶于水。它具有的漆面保护性和还原性，能有效去除污垢，渗透并填塞漆孔，从车漆底部保护车漆。

图 5-3 太空釉

图 5-4 镜面釉

模块 3　汽车漆面封釉工具与设备

汽车封釉所需的主要工具与设备除了汽车漆面抛光工具与设备外，还需有封釉机、研磨抛光机、打蜡海绵和柔软全棉毛巾等。

一、封釉机

封釉机又称振动抛光机，如图 5-5 所示。汽车漆面封釉时，通过封釉机的高转速振动和摩擦，利用釉特有的渗透性和黏附性把釉分子强力渗透到车身漆面的缝隙中去，使封釉后的车身漆面能够达到甚至超过原车漆效果，使旧车更新、新车更亮。

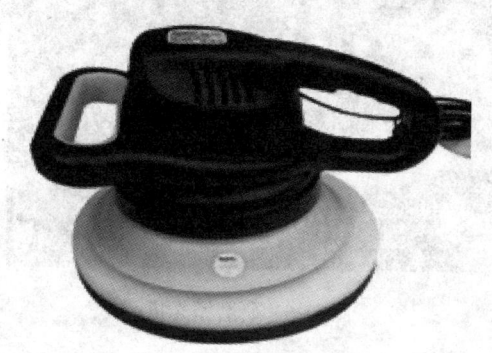

图5-5　封釉机

二、研磨抛光机

研磨抛光机（见图5-6）是一种集研磨和抛光功能于一体的设备，安装研磨盘时可进行研磨作业，安装抛光盘时可进行抛光作业。研磨抛光机利用海绵盘的高速运转与车体漆面摩擦产生热能，再同研磨剂、抛光剂等化学物质综合作用，从而有效地消除漆面划痕及污点等，并提高漆面光亮度。

三、打蜡海绵

打蜡海绵柔软细腻、韧性好、不伤车漆。汽车封釉完成后应用这种海绵进行擦拭。它不仅用于汽车打蜡、抛光，还可以用于汽车封釉后的清洁。

图 5-6 研磨抛光机

模块 4 汽车漆面封釉工艺

汽车封釉的操作步骤与打蜡基本相同，只是在后面一些工序上有区别。封釉所需时间为 4~5 h。另外新车封釉比旧车封釉工作难度要低一些；车釉的品种较多，但漆面封釉操作步骤基本相同。

汽车漆面封釉操作工艺流程如下：①汽车清洗→②研磨抛光→③还原→④除蜡并吹干→⑤振动抛光封釉→⑥镜面处理。

一、漆面封釉操作工艺规程

1. 汽车清洗

如图 5-7 所示，汽车清洗时要使用中性清洗剂，因为碱性清洗剂会腐蚀车漆，建议使用脱蜡洗车液，因为脱蜡洗车液既能洗掉原车的残蜡,又可避免伤害车漆。另外,应用一些特别的去污材料,擦去车漆表面的铁锈、飞漆、尘粒和树脂等杂质。

图 5-7　使用中性清洗剂洗车

2. 研磨抛光

研磨抛光用 2000 号水砂纸或抛光机研磨漆面(见图 5-8),研磨中应根据车漆的强度高低和车漆损伤情况来选用研磨剂的类型和用量。

图 5-8　使用抛光机研磨漆面

研磨抛光的主要目的是去橘皮、油迹、斑点、垂流、针孔、轻微划痕等缺陷,研磨抛光要均匀用力,一般研磨后的漆面呈亚光漆样。研磨中要注意边角部位、带肋部位和橘皮轻的部位,根据具体情况不抛光或轻微抛光,以免造成抛光后露出底漆。特别要注意的是,研磨时不要磨到装饰条、密封条、镀铬条、门把手和不应研磨的部位,以免造成不必要的损伤,必要时要把与研磨部分相邻的不研磨部位用胶带粘封或用报纸遮挡起来。

3. 还原

如图5-9所示,用抛光机以2 500 r/min左右的转速配合增艳剂进行抛光还原处理。开始抛光时抛光盘的压力要根据车漆的硬度和面漆的厚薄来决定,若车漆硬度比较高,抛光盘压力应稍大,若车漆硬度比较低,则抛光盘压力应稍小。因为抛光机转速高,切削力强,如掌握不好力度,就会抛光后露出底漆。涂于漆面的增艳剂要适量,过多易打滑,过少会伤漆面。

图5-9 配合增艳剂进行抛光还原处理

4. 除蜡并吹干

进行除蜡和吹干作业时应先用除蜡水清除漆面蜡层，如图 5-10 所示，然后用洗车液擦洗车身（因抛光时会产生污垢，如果不清除将会影响封釉的渗透力），将车身冲洗干净再用麂皮布擦干或用风机风干。

图 5-10 用除蜡水清除漆面蜡层

5. 振动抛光封釉

进行振动抛光封釉作业时，先在车身均匀涂抹上一层釉，如图 5-11 所示，半小时后用封釉机开始封釉。操作时速度要慢且均匀，一般每处要振动抛光两次，然后轻微提起封釉机，使封釉机轮快速转动，抛出亮光即可。因釉能与漆面结合在一起，形成一种多功能持久的"隐形车衣"，此时汽车漆面晶莹亮丽、光彩夺目。

振动抛光封釉是汽车封釉的关键步骤。在封釉机的挤压下，晶亮釉通过挤压、振动的方式被挤入车漆纹理中，形成牢固的网状保护层，附着在车漆表面，如图 5-12 所示。保护剂中含有紫

图 5-11　先在车身均匀涂抹上一层釉

外线防护剂,可以大大降低紫外线对车漆的损害,并可抵御酸碱等化学成分的侵蚀。

图 5-12　晶亮釉被振抛机挤压封釉

6. 镜面处理

镜面处理是用无尘纸和波浪海绵轻抛漆面。漆面经过镜面处理,能够焕然一新、光亮照人,如图 5-13 所示。

图 5-13 经过镜面处理后的漆面

二、漆面封釉工艺注意事项

1. 汽车封釉后 24 h 内不要用水冲洗,因为在这段时间内釉层还未完全凝结。刚封釉形成的膜虽然已经非常光亮,但仍处于未完全固化状态,冲洗会冲掉未凝结的釉。同理,汽车封釉后 24 h 内应防止雨淋。

2. 做完封釉美容后应尽量避免洗车,封釉产品可防静电,因此一般灰尘用干净柔软的毛巾擦去即可。

3. 汽车做了封釉美容后不要再打蜡,因为蜡层可能会黏附在釉层表面,再上釉时会因蜡层的隔离而影响封釉效果。

4. 封釉是一项专业性非常强的工作,它对场地、工具、技术及用品的要求都非常严格。封釉最好在无尘、恒温及照明设施良好的室内进行,如图 5-14 所示,特别是要防止沙粒粘上漆面,造成划伤。

图 5-14　无尘、恒温、照明设施良好的室内

5. 由于封釉产品的不同，再加上汽车使用环境的影响，一般两个月到半年做一次封釉效果最好。如重复封釉 2~3 次，可增加水晶膜的强度和亮度，提高抗氧化能力和耐磨性能。

6. 如需让未固化的釉面（膜）迅速固化增加强度，可用红外线灯离釉面 10 cm 左右的距离来回移动烘烤 10~15 min。

模块 5　汽车漆面镀膜与封釉区别

漆面镀膜是指在车漆表面再涂镀一层硬度高、弹性好、抗氧化的新保护膜。如果说漆面打蜡是第一代车漆护理技术，那么漆面封釉可以说是第二代车漆护理技术，漆面镀膜就是第三代的漆面护理技术了。

镀膜是在总结了打蜡及封釉的优点及不足之后，以新的环保原料和车漆养护理念制造的车漆养护换代产品。它和封釉有四点不同之处，具体如下：

一、原料选用不同

1. 封釉中的釉是将从石油中提炼出来的一种产品,添加了一些辅助原料制成的。受原料所限,仍存在会缓慢氧化及封釉层不够持久的问题。

2. 镀膜材料,其成分是玻璃纤维素、硅素聚合物、氟素聚合物等,不会氧化、硬度高,车漆镀膜后可长期保持效果。

二、养护理念不同

1. 封釉的养护理念是将"釉"加压封入车漆的空隙中,与车漆结合到一起。其优点是釉与车漆融为一体,增亮效果明显。但是它们本身仍会缓慢氧化,所以会连带周围的漆面共同氧化。

2. 镀膜采用不会氧化的原料及稳定的合成方式,相比于封釉变结合为掩盖,以透明"膜"的形式附着在漆面上,不仅可以避免漆面受外界损伤,同时也避免了保护剂本身对车漆的影响。镀膜前后车身表面对比如图5-15所示。

三、操作工艺不同

1. 因为釉要与漆面充分结合,所以封釉时要用高转速的研磨机把釉剂加压封入漆面,这种压力同时作用在漆面上,经常会造成漆面损伤。

2. 镀膜时则可采用温和的涂抹及擦拭的附着方式,即靠膜本身

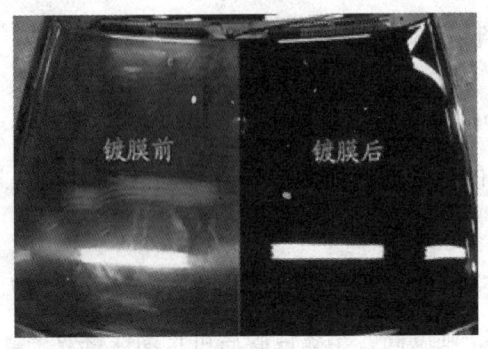

图 5-15　镀膜前后车身表面对比

的分子结合力附着在漆面上,可避免损伤车漆。

镀膜操作步骤如下:

(1)漆面抛光、脱脂处理。按照规范程序完成车身漆面清洗、漆面去污渍、漆面及缝隙处擦干、吹干水分,贴美容胶带,漆面抛光处理以及漆面脱脂(即脱蜡)处理。

(2)涂抹镀膜液。将镀膜液喷敷在海绵上,如图 5-16 所示,用海绵在漆面上均匀地涂抹镀膜液。

图 5-16　将镀膜液喷敷在海绵上

(3)擦拭镀膜液。用干净柔软的毛巾擦拭镀膜液,如图5-17所示。

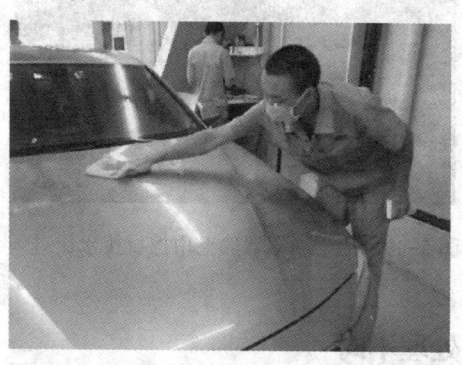

图5-17 用干净柔软的毛巾擦拭镀膜液

(4)涂装拨水促进剂。在漆面上再涂装拨水促进剂,如图5-18所示。在膜液上面再加一层拨水促进剂的目的,一是提升漆面的拨水效果,二是在膜层生成期内保护膜层不受外界因素影响。

图5-18 涂装拨水促进剂

(5)擦拭拨水促进剂。用干净柔软的毛巾擦拭拨水促进剂,如图5-19所示。

图 5-19　用干净柔软的毛巾擦拭拨水促进剂

四、划痕处理不同

1. 封釉划痕处理方式是以研磨为主,对漆面损害较大。
2. 镀膜划痕处理方式采用填充法,大大降低了对漆面的损害。

第6单元 汽车表面划痕和斑点处理

模块1 汽车表面划痕和斑点修复用品

汽车表面划痕和斑点修复需使用的修复用品有两大类：一类是研磨剂，另一类是喷漆材料。

一、研磨剂的种类与功能

汽车表面划痕和斑点修复处理需使用汽车漆面研磨作业。配合漆面研磨作业的研磨剂种类非常多，主要以蜡类研磨剂为主，现以常用的3M系列研磨剂为例，对其种类与功能进行介绍。

1. PN39002 美容粗蜡（细切削）

PN39002 美容粗蜡（细切削）如图6-1所示。美容粗蜡（细切削）是用途最广的专业漆面研磨剂。它能安全有效地去除1200号砂纸砂痕甚至更细小的沙石擦痕、其他细小擦划痕、中等程度氧化层和粗糙的螺纹斑或水斑。在手工抛光作业中使用效果特别出色。

2. PN39001 美容粗蜡（中切削）

PN39001 美容粗蜡（中切削）如图6-2所示。美容粗蜡（中切削）是一种配合抛光机使用的研磨剂。它能有效地去除1200号砂纸的砂痕、中等程度划痕、中等程度氧化层和水斑。

图 6-1　细切削粗蜡

图 6-2　中切削粗蜡

3. PN9004 美容粗蜡（重切削）

PN9004 美容粗蜡（重切削）如图 6-3 所示。美容粗蜡（重切削）是一种配合抛光机使用的专业漆面研磨剂。它能有效地去除 1000 号砂纸的砂痕和其他未伤底漆的重度划痕以及严重氧化层。

图 6-3　重切削粗蜡

4. PN39006 三合一钻石乳蜡（研磨蜡）

PN39006 三合一钻石乳蜡（研磨蜡）如图 6-4 所示。三合一钻石乳蜡（研磨蜡）能去除汽车漆面细小划痕、轻度氧化层、旋纹和少量色斑，并能恢复漆面色泽并使其持久保持。其切削性强，集研磨、抛光、保护三种功能于一体。

5. PN3026 三合一水晶乳蜡（研磨蜡）

PN3026 三合一水晶乳蜡（研磨蜡）如图 6-5 所示。三合一水晶乳蜡（研磨蜡）可快速清洁并去除汽车漆面最细小的刮痕、修复表面瑕疵、去除漆面氧化膜锈迹和顽固污渍，恢复汽车漆面的高度亮泽。其切削性强，集研磨、抛光、保护三种功能于一体。

图 6-4　三合一钻石乳蜡　　　图 6-5　三合一水晶乳蜡

二、喷漆材料的种类与功能

汽车表面油漆损伤底漆层时，要通过补喷或大面积喷漆达到恢复效果。喷漆常用的材料如下。

1. **面漆**

汽车面漆如图6-6所示。汽车用面漆一般有普通漆、金属漆、珠光漆三种。普通漆主要成分为树脂、颜料和添加剂。金属漆添加了铝粉,所以可以使汽车表面看上去有金属的光泽。珠光漆用薄片状的云母粒代替了铝粉,因为云母粒反光有方向性,所以可以使车漆呈现出色彩斑斓的效果。

图6-6 汽车面漆

2. **底漆**

汽车底漆如图6-7所示。汽车用底漆就是直接涂装在经过表面处理的车身部件表面上的第一道涂料,它是整个涂层的基础。汽车用溶剂型底漆主要用硝基树脂、环氧树脂、醇酸树脂、氨基树脂、酚醛树脂等为基料,一般选用氧化铁红、钛白、炭黑等作为颜料和填料,涂装方式有喷涂和浸涂两种。

3. **原子灰**

原子灰(见图6-8)俗称腻子,又称不饱和树脂腻子,是由不饱和树脂、滑石粉、苯乙烯等材料经搅拌研磨而成的主体灰及固化剂组成的双组分填平材料。该材料具有常温固化、干燥速度快、附着力强、易打磨等特点。它主要用于车身凹坑、针缩孔、裂纹和小焊缝等缺陷的填平与修饰，满足面漆前底材表面的平整、平滑。

图 6-7 汽车底漆

图 6-8 汽车原子灰

4. 添眼灰

添眼灰（见图 6-9）又称红灰，相比原子灰，添眼灰更细，它能填平原子灰上肉眼看不出的细小缺陷，如砂纸痕和气孔，然后用 1000 号或 1200 号水砂纸打磨，可使汽车表面更平整、更光滑。

5. 清漆

清漆如图 6-10 所示。汽车用清漆主要是配合底色漆使用的罩光透明清漆，在工艺上它与色漆是不可分的，一般先喷底色漆，然后再喷清漆。清漆层分为自干型和烘干型。汽车清漆层有两种作用：一是增加底色漆的亮度和反光度，二是用以保护底色漆层。

图 6-9　汽车添眼灰

图 6-10　汽车清漆

6. 固化剂

固化剂如图 6-11 所示。使用固化剂的目的是为了引起或加快单组分或多组分涂料产品的固化。有时候固化剂的添加是为了提高特殊产品的表面张力。添加固化剂的比例有严格的要求，以保证最优化的涂层效果和持久性。如果添加了过量的固化剂反而会减慢固化速度，还会使涂层容易碎裂。

7. 稀释剂

稀释剂（见图 6-12）的作用是溶解油漆涂料的树脂，使之达到要求的黏度，以便更好地喷涂。不同的油漆所采用的稀释剂各有不同，有些不能互换，否则会使油漆的聚合受到严重的破坏，对修补的漆面造成损害。

图 6-11　固化剂　　　　　图 6-12　稀释剂

8. 美纹纸

美纹纸是单面带胶、强度较高的粘贴纸。在进行汽车漆面喷涂作业前,应用它对遮蔽物和缝隙等进行粘贴,使在喷涂时不至于污染不应被喷涂的区域。喷涂完毕即可把它撕下。

模块 2　汽车表面划痕和斑点修复的防护用品和工具、设备

一、表面划痕和斑点修复的防护用品和工具、设备

汽车表面划痕和斑点修复时要用到防护用品和修复工具、设备。防护用品主要有工作服、喷漆面罩、手套、护目镜和鞋帽等;修复工具、设备主要有喷漆枪、刮灰刀、油漆干磨机、烤漆灯、喷烤漆房等。

1. 喷漆面罩

喷漆面罩如图 6-13 所示。涂装过程中,操作人员直接在有油漆和溶剂的场所操作,各种有毒的油漆和溶剂蒸气充满整个场所。所

以，对操作者个人进行防护是非常必要的，也是非常重要的，这也是涂装安全技术的一个重要部分。在涂装操作时，应穿戴好各种防护用具，如工作服、喷漆面罩、手套、眼镜和鞋帽等。

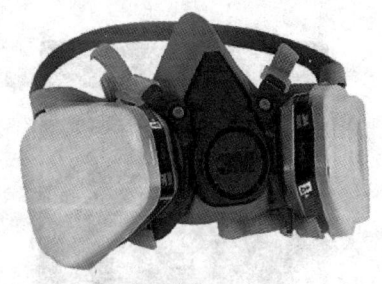

图6-13　喷漆面罩

2. 喷漆枪

喷漆枪根据涂料的输送方式不同分为以下三种：

（1）重力式（上壶）喷枪。重力式（上壶）喷枪（见图6-14）的涂料壶设计在喷枪上部，涂料是依靠自身重力加上压缩空气在通过喷嘴及风帽时形成的文丘里效应产生的真空令涂料喷出。

（2）虹吸式（下壶）喷枪。虹吸式（下壶）喷枪（见图6-15）的涂料壶设计在喷枪下部，涂料主要依靠文丘里效应将涂料从虹吸杯（下壶）中抽取出来，因此在同样的条件及涂料流量要求下，虹吸式喷枪的喷嘴口径要相对重力式喷枪的大。

图6-14　重力式（上壶）喷枪

图6-15　虹吸式（下壶）喷枪

(3)压送式喷枪。压送式喷枪(见图6-16)的涂料输送是依靠涂料输送设备加压来进行的,一般通过涂料压力罐或隔膜泵来进行,由于涂料是压送出来的,而且可通过施加不同的压力调节涂料流量,一般来说,压送式喷枪选用的喷嘴口径较上述两类喷枪的小。

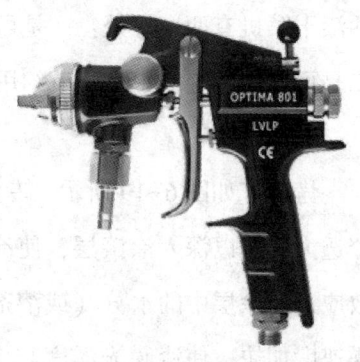

图6-16 压送式喷枪

3. 刮灰刀

刮灰刀(见图6-17)是在汽车表面修复时,给受损表面上原子灰或红灰时的常用工具。刮灰刀有钢制型、塑料型和橡胶型等,有不同的形状和大小,应根据需要选择不同的刮灰刀。

图6-17 刮灰刀

4. 油漆干磨机

油漆干磨机如图6-18所示。汽车油漆干磨机在车辆表面修复中使用越来越广泛,它可以一边对原子灰等进行干磨一边吸尘。使用油漆干磨机有两个好处：一是可防止灰尘污染，减少对人体的伤害；二是可取代传统的水磨，节约用水。

5. 烤漆灯

烤漆灯如图6-19所示。专业烤漆灯所发射的红外线具有很强的穿透力，可以深入涂漆层，使涂漆层的温度迅速升高并产生自发热效应，使涂层中的水分（或溶剂）迅速由内向外挥发，使漆膜的干燥速度加快，使漆膜光泽度与丰满度大幅提高，附着力增强，不会产生"橘皮、流泪"等在普通烤漆工艺中易出现的缺陷，避免返工，节约成本，提高效率。

图6-18　油漆干磨机

图6-19　烤漆灯

6. 喷烤漆房

喷烤漆房如图6-20所示。顾名思义，喷烤漆房就是一个专门进行喷漆与烤漆的房间。喷烤漆房是提供涂装作业专用环境的设备，能满足涂装作业对温度、湿度、光照度、空气洁净度等的要求；能将喷漆作业时产生的漆雾及有机废气限制并处理后排放，达到喷漆与烤漆作业的环保要求；能将需要干燥的漆面直接在喷烤漆房内烘烤干。

图 6-20　喷烤漆房

二、喷漆枪的使用要点和注意事项

汽车喷漆枪的使用方法直接决定喷漆效果与质量，其使用要点和注意事项如下。

1. 掌握喷漆枪的喷涂角度

为了便于操作，操作人员应以一字步或丁字步站立进行喷涂作业，如图 6-21 所示。在喷漆枪移动过程中，不论喷涂雾形是横向还是纵向，在上下或左右移动时，均要保持喷漆枪与工作表面成 90°，并以与表面相同的距离和稳定的速度移动，否则漆膜可能不均匀。在喷涂时绝不可仅由手腕或手肘带动喷枪作弧形的摆动，否则被喷涂构件的漆膜会厚薄不匀，厚处可能出现流挂，薄处可能露底，并会造成一部分漆雾在空气中流失。只有在小面积喷涂时才允许喷漆枪作扇形摆动，因为这时要求漆膜中间厚两边薄。

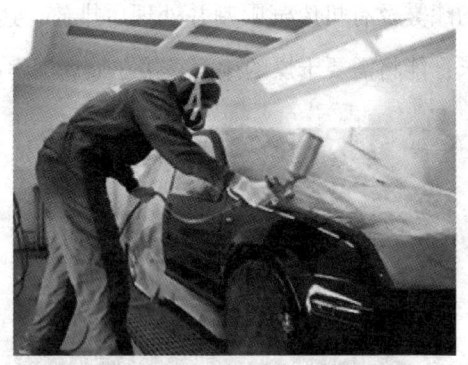

图 6-21　一字步或丁字步站立作业

2. 掌握喷漆枪的喷涂距离

在喷涂作业中，喷涂距离不是固定不变的，而应与喷漆枪气压、喷漆枪的扇面大小以及涂料的种类相配合。通常喷涂距离以 150~200 mm 为佳，如图 6-22 所示。若喷涂距离过小，容易产生流挂、针孔、起泡、起皱和喷涂不均匀等现象；若喷涂距离过大，则涂料的利用率低，同时涂料微粒在空中的停留时间也较长，这可能导致漆雾到达工件表面时黏度过大，从而影响它的流平，产生橘皮与微粒。

图 6-22　喷涂距离以 150~200 mm 为佳

3. 掌握喷漆枪的喷涂气压

选择正确的喷涂气压与多种因素有关,如涂料的种类、稀释剂的种类(快、慢)、稀释后的黏度等。在喷涂操作时应尽量使液体物料雾化,同时又要求液体物料中所含溶剂尽可能少地蒸发。一般调节气压为 0.35~0.50 MPa,或进行调试喷涂而定。若压力过低可能会导致油漆雾化不好,油漆像雨淋一样喷涂到构件的表面,容易产生流挂、针孔、起泡等现象;而压力过高可能会导致油漆过度蒸发,严重时会形成干喷现象。

4. 掌握喷漆枪的喷涂雾形

喷涂前必须在遮盖纸上测量喷涂雾形,这是对喷漆枪的距离、气压的综合性的测定,如图 6-23 所示。试验时,喷嘴与墙面相距约 200 mm,把扳机扳到底再立刻放开,喷出的漆会在试纸上留下细长形状的印迹,然后测试雾形内油漆分布的均匀性。

图 6-23 喷漆枪的喷涂应呈雾形

以如图 6-24 所示的重力式喷漆枪为例测试并调整雾形内油漆分布均匀性的具体步骤如下：放松风帽卡环，拧动风帽，使风帽角处在垂直上下的位置，这时风帽产生的雾形是水平方向。再次喷涂，这次一直扳住扳机，直到漆液开始往下流（此为淹没雾形）。检查各段流挂的长度，如果各项调整正确，各段流挂的长度应近似相等；如果喷束太宽或气压太低，流挂呈分开形状，可把雾形喷嘴（控制阀）拧紧半圈，或把气压提高 0.035 MPa，交替进行这两项调试，直到流挂长度均匀；如果流挂中间长两边短，则是因喷出的漆太多，应把喷嘴（控制阀）拧紧，直到流挂长度均匀。

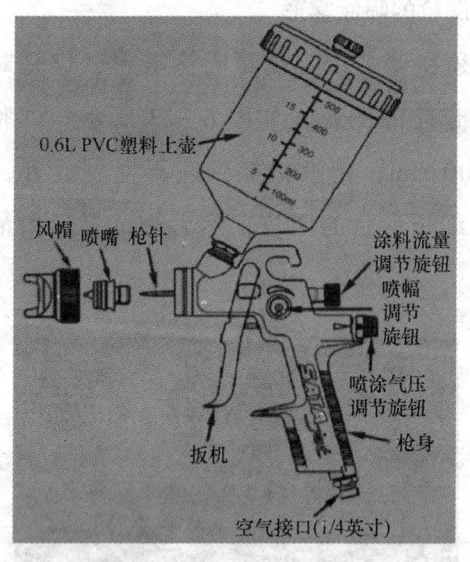

图 6-24　重力式喷漆枪结构图

5. 掌握喷漆枪的喷涂移动速度

喷漆枪的移动速度与涂料的干燥速率、环境温度和涂料的黏度有关，通常移动速度约为 0.3 m/s，如图 6-25 所示。若使用干燥较慢的涂料,可适当提高移动速度至 0.4~0.8 m/s。若喷漆枪移动速度过快,会使漆膜粗糙无光,漆膜流平性差;若移动速度过慢,会使漆膜过厚发生流挂。喷漆枪的移动速度必须一致,否则漆膜厚薄不匀。喷涂过程中绝对不能让喷漆枪停住不动,否则会产生流挂。

图 6-25　喷漆枪左右移动速度约为 0.3 m/s

6. 掌握喷漆枪的喷涂方法、路线

喷漆枪的喷涂方法有纵行重叠法、横行重叠法和纵横交替喷涂法。喷漆枪的喷涂路线应按从高到低、从左到右、从上到下、先里后外的顺序进行。应按计划好的行程稳定地移动喷漆枪,在抵达单方向行程的终点时放开扳机关闭喷漆枪,然后再扳扳机,开启喷漆枪进行下一行程的喷涂。在行程终点关闭喷漆枪可以避免出现流挂,并把飞漆减少到最低。

在进行喷涂作业时,对于难喷部位,如拐角或边缘要优先喷涂一些漆液,喷涂时要将喷漆枪的喷嘴正对被喷涂部位,这样有利于被喷涂漆面获得的喷涂量基本均匀,喷漆枪距离要比正常距离近 25~50 mm。在所有难喷部位都喷涂完毕后,再对水平表面进行喷涂。

对竖直面板进行喷涂通常从板的最上端开始,喷嘴与上边缘平齐,自上而下进行。喷漆枪第二次单方向移动的行程应与第一次相反，自下而上进行，如图 6-26 所示，喷嘴与第一次行程的下边缘平齐，雾形的上半部与第一次雾形的下半部重叠，重叠幅度应为上一层喷涂宽度的 1/3 或 1/2。下半部喷涂在未喷涂过的区域，应一直与前次喷涂部分的"湿边"混涂，开始喷涂的搭接处选择合适，可避免出现双涂层和流挂。各涂层之间要留出几分钟的闪干时间。

图 6-26　喷漆枪第二次移动（自下而上）

模块 3　汽车漆面划痕处理

一、汽车漆面划痕产生的原因

汽车漆面划痕是漆面表面出现的线条痕迹，其产生的主要原因有：

1. 意外剐擦

汽车在行驶中与其他汽车、路边树枝、杂丛灌木及障碍物等发生剐擦,以及暴风、沙尘天气时大气中的尘土、沙石等与漆面发生刮擦都会造成漆面划痕。

2. 擦洗不当

汽车在擦洗时,若清洗剂、水或擦洗工具(海绵、毛巾等)中有硬质颗粒物,也会使漆面产生划痕。

3. 护理方法不当

在给漆面抛光时,若选择的打磨盘粒度较大,打磨用力较重或打磨失手,则会在车漆表面留下不同程度的划痕。在打蜡时,若蜡的品种选择错误,误把砂蜡用在新车上,也会造成划痕。

二、漆面浅、中、深度划痕的鉴别

汽车漆面划痕根据其深浅程度不同分为浅度划痕、中度划痕和深度划痕三种类型。汽车车身漆面从外到里分别为清漆层、色漆层和底漆层。

1. 浅度划痕

浅度划痕是指表层面漆轻微伤,划痕穿过清漆层伤及色漆层,但色漆层未被刮透。

2. 中度划痕

中度划痕如图6-27所示,指划痕穿过清漆层和色漆层,但未伤及底漆层,这种划痕一般是由利器划伤造成的。

3. 深度划痕

深度划痕如图6-28所示,指划痕已刮透清漆层和色漆层,并伤及底漆层,可见车身的金属表面,这种划痕只能通过重新喷漆来解决。

图 6-27　中度划痕

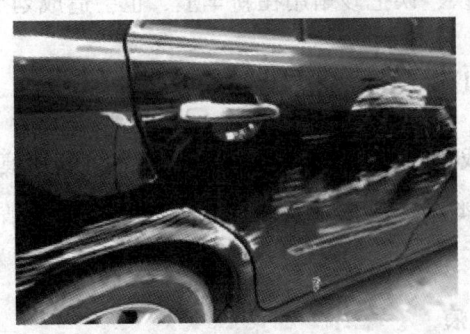

图 6-28　深度划痕

三、漆面浅度划痕的处理

对经检查未刮透清漆层的漆面浅度划痕，可采用如下工艺修复，其操作工艺流程如下：①清洗→②打磨→③还原→④抛光上蜡→⑤检验。

1. 清洗

首先要将漆面表层的上光蜡薄膜层、油膜及其他异物除掉，方法是采用脱蜡清洗剂对刮伤部位进行清洗，然后晾干。

2. 打磨

可根据刮痕大小和深度情况选用适当的打磨材料，如1500号磨石、9 μm 的磨片，或1000~1500号的砂纸对刮伤的表面层进行打磨，如图6-29所示。打磨一般采用人工作业，也可用研磨机、抛光机或打磨机进行作业。打磨时要注意不能磨穿清漆层，如清漆层被磨穿透出色漆层，则必须喷涂色漆进行补救。

图6-29 用1500号砂纸打磨

3. 还原

经打磨抛光的漆面已基本消除浅度划痕，对打磨抛光作业中残留的一些发丝划痕、旋印等可通过漆面还原进行处理。方法是用一小块无纺布将还原剂均匀涂抹于漆面，然后抛光至清漆层与原来的涂层颜色完全一致为止。

4. 抛光上蜡

先用抹布将还原的漆面擦净，然后用呢绒、海绵等材质的抛光盘浸润抛光剂进行抛光，如图6-30所示。抛光后应将漆面擦净，再涂上光蜡并抛出光泽。

图 6-30 用抛光盘浸润抛光剂进行抛光

5. 检验

上述工序完成后,要对修补表面外观质量进行检查,检查的标准是涂层的色泽必须与原漆膜完全一样,若有差异说明表面清理和抛光上蜡没有完全按照要求操作,必要时应返工。

四、漆面中度划痕的处理

对表层漆面中度划痕的车身,要先进行漆面修整,过程是:清洗漆面,在要处理的部位涂上粗抛研磨剂(中切削),通过抛光盘和漆面的摩擦产生热量,研磨剂能够软化中度划痕周围的油漆,并用切屑出的油漆来填补划痕。一般经过粗抛后,再进行一次精抛处理。不过,中度划痕处理后仍会有痕迹,此时可采用如下工艺修复漆面中度划痕,其操作工艺流程如下:①打磨→②清洗和干燥→③色漆层涂装→④清漆层涂装→⑤罩光漆涂装→⑥抛光上蜡。

1. 打磨

(1)检查底漆层涂漆是否附着完好。

(2）对色漆层及清漆层的刮伤部分进行打磨，使之平滑、光洁，如图 6-31 所示。

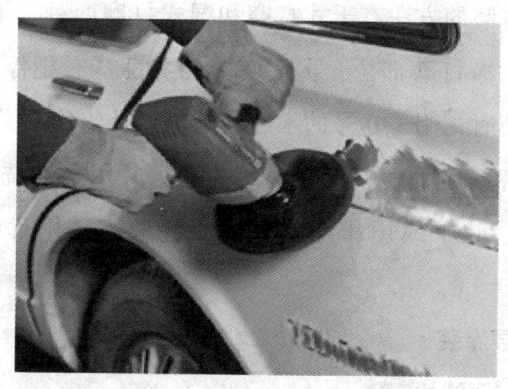

图 6-31　对刮伤部分进行打磨

（3）对损伤部位的边缘进行修整，使其边缘不见刮伤的涂层为止，必要时可适当扩大打磨面积。

2. 清洗和干燥

（1）用专用清洗剂去除打磨表面的油污、石蜡及其他异物。

（2）用烘干设备烘干清洗表面。

3. 色漆层涂装

（1）确定施工工艺参数。根据涂装原料的不同，确定涂料施工黏度、雾化压力、喷涂距离、干燥温度、干燥时间等。

（2）遮盖和喷涂。对不喷涂的部位进行遮盖，然后进行喷涂。

（3）色漆层漆膜烘干。一般用远红外线烘烤灯或远红外线烘烤箱（反射式）进行局部烘干；如果修补面积不大，可在室温下自然风干，但时间较长。

（4）色漆层漆膜打磨清洁。色漆层漆膜干燥后，用320号砂纸对补涂的漆膜进行轻轻打磨，使之光滑平整，以用手触摸无粗糙感为准。打磨的方法有干式打磨和湿式打磨两种。干式打磨时，用压缩空气吹净打磨部位，再用清洁的黏性抹布把浮灰等杂物擦净。湿式打磨时，用320号的水磨砂纸对修补的色漆层进行表面打磨，同样打磨到用手触摸无粗糙感为止，并用水冲洗干净；洗净后将水擦净，晾干或用压缩空气吹干，最好是用远红外线灯箱烘干。

4. 清漆层涂装

（1）第一道清漆

1）喷漆。将已选好的清漆按施工条件的要求调配到规定的工艺条件允许范围内，然后进行喷涂，如图6-32所示。

图6-32 喷涂第一道清漆

2）烘干。一般采用远红外烘烤灯或烘烤箱进行局部烘干。烘烤的温度和时间取决于现场的实际状况，但必须要达到烘烤的质量要求。可用棉球法测定漆表面是否真正干燥。

3)打磨。用 320 号砂纸进行清漆表面打磨,使清漆层表面平整光滑,并用抹布、压缩空气边吹边擦,最后用带黏性的抹布将表面彻底擦净。

(2)第二道清漆

1)喷漆、烘干与第一道清漆相同。

2)打磨。此次清漆打磨是直接影响到涂层表面质量的最后打磨工序,应特别注意打磨质量,应采用 500~600 号砂纸轻轻湿打磨,消除涂膜缺陷,然后再进行烘干。

5. 罩光漆涂装

第二道清漆喷涂打磨干燥后,应再喷涂一层氨基罩光漆。

(1)施工条件。以罩光漆 KH-24 为例,采用专用释剂稀释,稀释率为 14%~16%,稀释黏度为 24~25 Pa·s/(5℃),施工固体分质量分数为 46%,稳定性静置为 48 h。

(2)涂装方法。喷涂次数为 5~6 次,喷涂目标厚度为 35~40 μm,每次喷涂之间要留出 3~5 min 的流平时间,最后一次喷涂要留出 7~10 min 的流平时间。

(3)干燥。干燥温度为 140℃,干燥时间为 30 min。若在干燥室内采用保持式干燥,时间为 20 min。若是局部小范围的干燥,应采用远红外线加热器进行烘烤,如图 6-33 所示,时间至实际干透为止。

6. 抛光上蜡

抛光上蜡的操作方法是:

(1)用棉布、呢绒或海绵等材质的抛光盘浸润抛光剂进行抛光,如图 6-34 所示,然后擦净。

图 6-33 用远红外线加热器烘烤

图 6-34 用海绵盘抛光上蜡

(2) 涂上光蜡，并抛出光泽。

五、漆面深度划痕的处理

深度划痕以及创伤划痕，是汽车因碰撞、刮擦等原因对车身涂层造成的严重损坏。对漆面深度划痕的车身要先进行漆面修整，过程是：先清除板面损伤处的旧漆层，然后用钣金或焊装等方法修复好已损伤车身的板面，达到与原来的形状、尺寸、轮廓相同的要求，而后采用如下工艺修复漆面深度划痕,其操作工艺流程如下:①表面处理→②刮涂腻子→③喷涂底漆层→④喷涂色漆层→⑤喷涂清漆层→⑥罩光漆涂装→⑦抛光上蜡。

1. 表面处理

(1)用铲刀、钢丝刷等清除表面涂层、铁锈和焊渣。不平整处用砂轮打磨平整,再用1.5~2.5号砂布打磨,清除底层表面锈蚀和杂物。

(2)用溶剂将划痕处洗净、晾干。

(3)涂上一层薄薄的底漆。

(4)在底漆层上涂一层防锈漆。

2. 刮涂腻子

(1)将速干原子灰覆盖在金属层上。

(2)原子灰干燥后,用400号干砂纸将原子灰磨平,如图6-35所示。

(3)用脱蜡清洗剂将划痕处清洁、擦净。

图6-35 用400号干砂纸将原子灰磨平

3. 喷涂底漆层

（1）将不喷漆的地方用专用胶纸遮盖。

（2）先用喷漆枪薄薄地喷上一道底漆，然后再喷第二层较厚的底漆，并使其干燥。

（3）用600号砂纸将底漆磨平。

（4）如果划痕处仍低于漆面，可再喷涂3~5层底漆，并重复清洁步骤。

（5）用1500~2000号砂纸将周围部分打平，再用脱蜡清洁剂清洁、擦净。

4. 喷涂色漆层

（1）喷漆。选用与原车色漆配套的色漆，方法如图6-36所示。确定色号后按原车颜色调配色漆，并调至符合施工要求的黏度，经过滤后再进行喷涂施工。每喷涂一遍之后，应留出涂膜需要的流平时间，然后再一遍一遍地进行喷涂，使第一次色漆涂层达到30~40 μm厚度。涂料在涂覆后应有足够的流平和晾干时间，常温干燥一般在2 h以上。

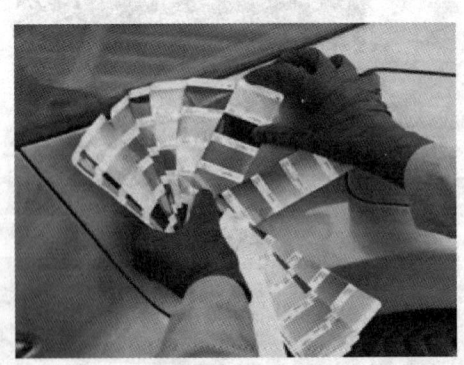

图6-36 用色谱样板比对原车色漆

(2) 湿磨。用280~320号水磨砂纸在色漆层的涂膜基础上将涂膜打磨平整光滑，如图6-37所示。同时用抹布或压缩空气擦除或吹除工作面的污物，并使表面干燥；在干燥时可加热干燥，也可自然晾干，但自然晾干时间较长，应注意防止粉尘污染涂膜表面。

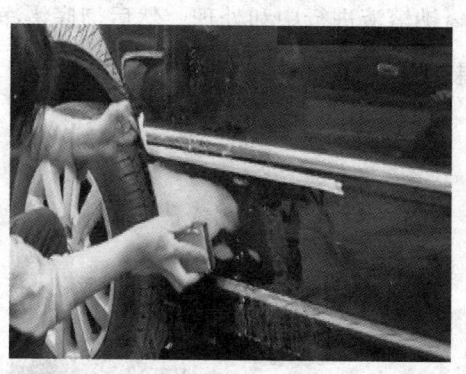

图6-37　用320号水砂纸湿磨

接下来的"5. 喷涂清漆层、6. 罩光漆涂装、7. 抛光上蜡"工序与前文"四、漆面中度划痕的处理"中的对应内容相仿。不同之处为"罩光漆涂装"中喷涂次数为7~8次，喷涂目标厚度为80~100 μm。

模块4　汽车漆面斑点处理

汽车漆面受到酸雨、鸟粪、虫尸、落叶等侵蚀后会出现斑点，严重影响到汽车的美观。对汽车漆面异物和斑点应及时清除，否则，斑点会逐渐向深层渗透，增加处理的难度。

一、漆面轻微印迹的处理

漆面出现很浅的印迹,漆已变色,对此应进行下列处理:

1. 先用高压水枪进行清洗,然后再用除蜡溶剂进行清洗。
2. 用碳酸氢钠溶液进行中和处理,然后彻底漂净,漆面轻微印迹处理前后效果对比,如图6-38所示。

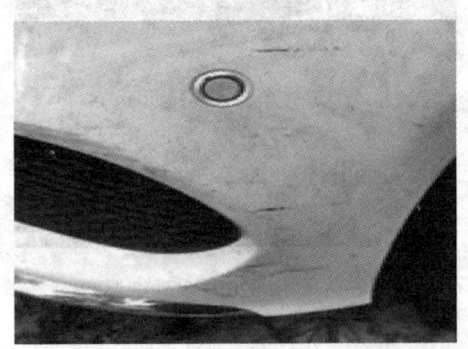

a)轻微印迹处理前

b)轻微印迹处理后

图6-38 轻微印迹处理前后效果对比

3. 擦干后,用车蜡上光。

二、漆面表层斑点的处理

漆面斑点呈环状，环的中心已呈暗色，表明斑点已进入表层，此时的处理方法是：

1. 按上文所述进行清洗和中和处理。

2. 手工抛光斑点部位，如果根据斑点深度需要再用抛光机抛光，抛光中要经常检查，以使磨掉的面漆尽可能少些。

3. 如果斑点较深，可用 1500 号或 2000 号砂纸湿磨，如果斑点仍可见，则用 1200 号砂纸湿磨。

4. 清洁干净后打蜡上光。

三、漆面深层斑点的处理

汽车漆面深层斑点的处理通常需要重新修复喷漆，具体处理步骤与方法如下。

1. 斑点清除

（1）清洗。在斑点及周围部分先用水清洗，再用溶剂清洗。

（2）砂薄边。以斑点为中心，将周围漆膜加工成由厚逐渐变薄的平滑过渡状态。过渡部分的漆膜称为"薄边"。"薄边"的加工方法有以下几点：

1）选择合适的砂纸，采用手工或机械打磨。专用的漆面尘点打磨机如图 6-39 所示。

2）如果修补面积较小，直径只有 15~20 cm，建议采用橡胶打磨块或其他柔软有弹性的打磨块垫在砂纸下进行打磨，如图 6-40 所示。

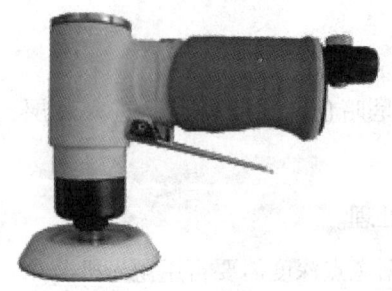
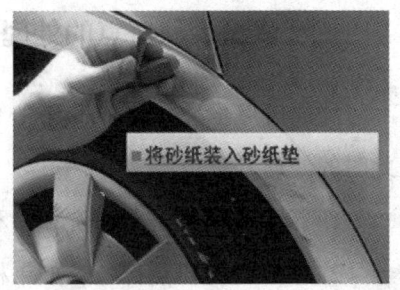

图6-39 漆面尘点打磨机　　　　图6-40 打磨块垫在砂纸下进行打磨

3）用水砂纸打磨。面积较小时应划圆圈打磨，面积较大时应走直线打磨，打磨过程中要经常用海绵蘸水湿润表面。

4）经打磨形成"薄边"后，换成细砂纸继续打磨，以除去用粗砂纸打磨时留下的痕迹。

(3) 除锈。斑点中心裸露出金属基材的部分如有锈蚀，应进行除锈，除锈方法是：

1）对锈蚀处进行打磨，直到显露出金属光泽为止。

2）采用双组分金属表面调整剂，如图6-41所示，清除有可能遗留在缝隙里的铁锈。

3）用水清洗，然后用压缩空气吹干表面。

(4) 底层补漆

1）将底漆直接刷涂到裸露的金属表面上。

2）喷涂3~4道色漆涂层。

3）色漆涂层干燥后进行打磨。

4）对色漆涂层和相邻原装面漆进行加工，如图6-42所示。其方法如下：①用400号砂纸蘸水打磨色漆涂层的中心部位；②采用

图 6-41 金属表面调整剂

手工抛光的办法清除相邻原装面漆上的过喷,打磨色漆涂层的边缘;③对色漆面整个润色区域进行抛光;④用蘸有少量水和清洗溶剂的抹布把已抛光的表面擦拭干净。

图 6-42 色漆涂层干燥后打磨擦拭

2. 面层修补

(1) 喷涂前准备

1) 涂料准备。主要是做好涂料的黏度把控。一般来说,涂料在使用之前需要进行稀释。稀释涂料时一定要采用指定的稀释剂。稀释时要不断搅拌，将涂料与稀释剂搅拌均匀，并时刻检查黏度。

2）喷漆枪准备。如果有时喷本色漆，有时喷金属闪光漆，则最好采用带搅拌喷杯的喷漆枪，这样就可以使喷涂金属闪光漆时不产生颜料沉淀，从而不会影响涂层的色相。另外应准备两个喷漆枪，配制两种喷涂材料分别装入两把喷漆枪中。喷漆枪1：配制传统的热塑性丙烯酸面漆，采用慢速稀释剂，在喷杯上做好记号"色漆"；喷漆枪2：1份慢速稀释剂，1份中速稀释剂，以及大约5%的热塑性丙烯酸清漆，在喷杯上做好记号"消雾圈涂料"。

（2）喷涂施工

1）试喷。把喷漆枪上所有可调整参数都设定在中间位置，先在样板上喷涂几道；为了与原装车面漆的颜色相比较，应以全遮盖的方式喷涂样板，层间要有适当的闪干时间。如果发现颜色不对，应进行调色，直到样板颜色与原车面漆颜色相同为止。

2）喷涂。在色漆涂层的表面上喷涂第一道色漆，如图6-43所示。每道喷涂走枪开始和结尾时应采用收边施工法，然后喷涂消雾圈涂料于斑点的边缘。以同样的方式喷涂第二道，每一道枪都要比前一道范围大一点，直到全遮盖为止。喷涂后，在正常的温度下至少干燥1 h。然后喷涂第三道丙烯酸清漆于整个修补的面积上，这里所采用的丙烯酸清漆应用慢速稀释剂稀释200%，最后采用消雾圈涂料喷涂于丙烯酸清漆的边缘。

3）干燥。采用自干或烘干方式使漆膜干燥。若采用烘干方式，在80℃的温度下需30 min，如图6-44所示。

图 6-43　在色漆涂层喷涂第一道色漆

图 6-44　用烘干方式使漆膜干燥

(3) 面层修补注意事项

1) 注意喷漆枪使用。喷涂前要对喷漆枪进行认真检查和调整，如果喷涂的是金属闪光漆，应调整喷漆枪的压力至 0.2 MPa 左右，每喷一道底色漆，压力升高 0.035 MPa，直到颜色符合标准。

2) 注意边缘施工。采用收边工艺喷色漆，每喷一道色漆，就应对其边缘作一次润色施工。

3）注意金属闪光底色漆施工。在新喷的金属闪光底色漆上不要喷消雾圈涂料，也不要急于喷热塑性丙烯酸清漆。

4）注意干燥。每进行一次喷涂施工，都要留有一定的闪干时间，如果所有的喷涂施工结束后需要快速烘干，也要留出至少30 min的闪干时间，干透后才可进行抛光。

第7单元 汽车内外饰件的清洁护理

汽车外饰件是指汽车的外部装饰件,就汽车美容而言主要指轮胎、轮辋、保险杠、电镀件、不锈钢件等;汽车内饰件是指汽车内部的装饰件,大多数由塑料、人造纤维、皮革和橡胶等材料制成。

汽车在使用过程中,其表面会受到风吹、日晒、雨淋等自然侵蚀,使车辆外饰件表面产生各种沉积物、锈蚀物,并沾染上焦油、沥青、树汁、鸟粪和虫尸等附着物;汽车内饰件在使用过程中也难免被脏污,其性能也会退化。如果附着在汽车内外饰件上的污垢不及时清除,不仅影响汽车的美观,还会导致锈蚀和损伤。对车辆及时和定期清洗及护理,不但可以使车辆保持车容美观和室内清洁,而且对延长车辆使用寿命起到重要作用。

模块1 汽车内外饰件清洁护理简介

目前,随着汽车技术的发展与汽车档次的不断提高,汽车内外饰件的数量和种类也越来越多,对清洁护理的要求也不断提高。比如:不同的装饰材料对清洁剂的要求和使用方式等就大有讲究;对汽车的仪器、仪表盘外表进行清洁养护、装饰及漆面局部损伤处理时，对护理技术的要求就更高了，如果方法或材料使用不当，就可能损坏汽车的内外饰件，留下"后遗症"。

一、外饰件清洁护理

在外饰件护理方面，普通美容只是进行清洗、除污工作，而专业美容则能对轮胎、轮辋、保险杠、电镀件、不锈钢件等进行专业的清洁、护理、上光，使之焕然一新，如图7-1、图7-2所示。汽车外饰

图7-1 轮胎、轮辋清洁养护

图7-2 发动机表面清洁养护

件的清洁必须用专用的护理剂；否则会使外饰件失去原有的光泽，过早老化，从而影响车辆的美观，大大缩短外饰件的使用寿命。

二、内饰件清洁护理

在内饰件护理方面，普通美容只是进行简单的擦洗、除尘，而专业美容则能对内饰件进行杀菌、消毒、除臭、熏香处理，并对皮革件、真皮件、塑料件等进行专业的护理、上光，对玻璃进行防雾、防水处理等。如图7-3所示为汽车内饰滋生细菌霉变处理。汽车内饰件清洗和护理要讲究方法和规程，比如在进行内饰清洗前，首先应该将车内照明灯等电器、仪表关闭，然后除去车内的尘土，扫去污物，再用吸尘器对车厢内各部位仔细进行吸尘作业。

图7-3　汽车内饰滋生细菌霉变处理

汽车内外饰件清洁护理分为以下几部分：
1. 日常护理：清洗外表，清理内饰。
2. 月护理：清洗、外表上光、清理内饰。
3. 季度护理：车漆专业护理、内外饰精细护理。
4. 车容修复性护理：处理轻度划痕、漆面斑点。

模块2　汽车内外饰件清洁护理工具与设备

随着汽车美容清洗越来越专业化，汽车内外饰清洁护理的工具与设备同样越来越专业化。汽车内外饰清洁护理常用工具与设备如下。

一、内外饰件清洁护理工具

1. 毛刷

普通毛刷如图7-4所示，此类毛刷较软，用于车辆内饰件洗刷，不易损伤饰件，可对塑料件、织物件和真皮件等清洁时用。注意用完后应及时清理毛刷内的杂物及污物，风干备用。

转头毛刷，此类毛刷专门用于车内清洁，头部可以转动，可用于车辆内部卫生死角的清洁。

2. 内外饰件清洁及护理用毛巾

内外饰件清洁及护理用毛巾如图7-5所示，此类毛巾吸水性强，易清洁，用完后应及时清洁、风干。

图7-4　普通毛刷

图7-5　内外饰件清洁及护理用毛巾

3. 清洗枪

清洗枪如图7-6所示，它利用高压气流吹出其中的液体，以起到清洗或喷洒溶液的作用，可用于发动机外表清洗，真皮座椅上光等。

4. 热风枪

热风枪（见图7-7）在汽车美容中有多种用途，它可用于塑料件的装饰和维护，贴太阳膜吹热定型，以及快速干燥车上织物件等。可根据需要调节出风口的温度达到所需要求。

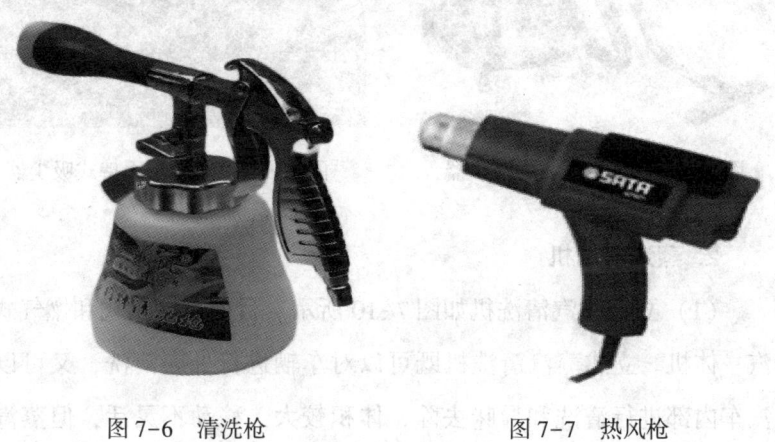

图7-6　清洗枪　　　　　　图7-7　热风枪

二、内外饰件清洁护理设备

1. 吸尘器

（1）汽车专用大力吸尘器。汽车专用大力吸尘器如图7-8所示，此类吸尘器吸力大，不仅可以吸尘而且可以用于吸水和风干等作业，通常配有多种吸嘴供选用，使用灵活方便，但体积较大。

（2）汽车专用手持式吸尘器。汽车专用手持式吸尘器如图7-9所示，此类吸尘器体积较小，可随车携带，并配有多种吸嘴供选用，对汽车内部一些卫生死角的清理效果较好。

 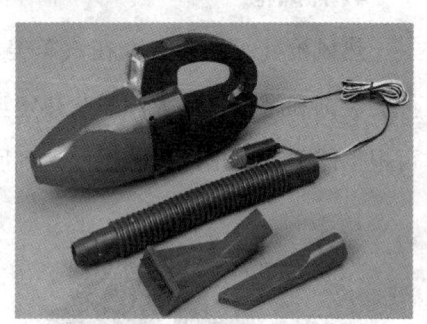

图7-8　汽车专用大力吸尘器　　　图7-9　汽车专用手持式吸尘器

2. 蒸汽清洗机

（1）立式蒸汽清洗机如图7-10所示。目前有电热式和燃气式蒸汽一体机。立式蒸汽清洗机既可以对车辆进行外表清洗，又可以对汽车内部进行清洗和异味去除，体积较大，移动不灵活，但蒸汽量大，压力高，一般为专业汽车美容店配备。

（2）便携式蒸汽清洗机如图7-11所示。此类蒸汽清洗机体积小，移动方便，配有多种喷汽头，但加水后使用的时间不长，相比于立式蒸汽清洗机工作效率偏低。

 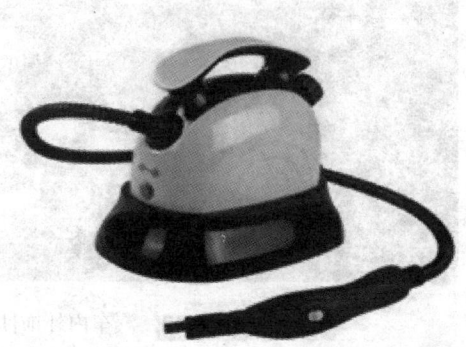

图 7-10　立式蒸汽清洗机　　　图 7-11　便携式蒸汽清洗机

模块 3　汽车内外饰件清洁护理用品

随着现代汽车美容业的发展和服务专业化程度的提升，市场上出现了多种针对汽车内外饰件的各种材料，如金属、电镀、玻璃、塑料、橡胶、皮革、纤维织物、油漆和染料等。专用汽车内外饰件清洁用品种类繁多，如图 7-12 所示，正确使用清洁用品能有效地清洁和保护各类饰件，不仅可使饰件光亮如新，而且也可延长其寿命。但是，如果汽车内外饰件的清洁用品选用不当则会对车辆造成很大损害。

一、内外饰件清洁护理用品种类、功能及使用

在选择汽车内外饰件清洁护理用品时，要谨记三个要点：第一，要选择正规厂家的合格产品；第二，选择清洁剂要有针对性，不同

图 7-12　汽车内外饰件清洁用品

内外饰件材料需选择不同清洁用品,否则不仅达不到去污清洁效果,而且还会损害饰件;第三,选择清洁剂时,最好不选择"万能"或"多功能"的清洁剂,而选用专用的,如清洁织物座椅、真皮座椅、汽车内饰、汽车外饰、汽车发动机、汽车轮毂、汽车轮胎、汽车玻璃等部件均应选用专用的清洁剂。

1. 内饰件清洁护理用品种类、功能及使用

(1) 空气清新剂。空气清新剂如图 7-13 所示。车用空气清新剂又称"环境香水",是目前净化车内空气环境,提高空气质量最常见的用品。它的工作原理就是通过化学反应除臭或使用强烈的芳香物质遮蔽异味,因此,很多空气清新剂事实上并没有将车内的异味清除,仅仅是用一种人们喜欢的香型将异味掩盖而已,但在汽车美容行业内仍将其视为汽车美容清洁护理用品。

(2) 万用清洁剂。万用清洁剂(见图 7-14)是专门用于清除汽车漆面和塑料表面黏附的油脂、灰尘、指印和微细瑕疵的快速清洁剂,其环保水基配方对人体无刺激性伤害,不易燃,不含硅和蜡成分。

图7-13 空气清新剂　　　　图7-14 万用清洁剂

（3）泡沫清洁剂。泡沫清洁剂（见图7-15）主要用于清洁汽车内饰中的化纤、木质、皮革、布艺、丝绒、工程塑料等制品（如顶篷、座椅、仪表台、仪表板、地毯、后置物台等）。使用时充分摇匀以雾状喷于物体表面，待泡沫浮起后，用干毛巾擦拭干净，有助于减少药液残留，但要经常用清水漂洗毛巾。污渍较重的地方可加大药液泡沫的喷射量，同时适当延长等待时间，必要时可以用柔软毛刷刷洗，然后用干毛巾擦拭干净。被清洁物品本身须保持低温状态，清洁易褪色制品时，须在不明显位置试验，没有掉色等不良反应时才能继续使用。

（4）丝绒清洁剂。丝绒清洁剂（见图7-16）主要用于对毛绒、丝绒、棉绒等织物进行清洁和保护，具有泡沫丰富、去污力强、洗后留有硅酮保护膜，能恢复绒织物原状、防止污物浸入等特点。使用时，先将丝绒清洁剂摇晃均匀，然后喷在需要清洁的物体表面，再用清洁干布将泡沫擦净，污渍明显处应反复喷涂擦拭。

图 7-15　泡沫清洁剂　　　　图 7-16　丝绒清洁剂

(5) 化纤清洗剂。化纤清洗剂（见图 7-17）是在多功能清洗剂的基础上增加了清洗化纤制品的功能，对车用地毯、沙发套等化纤制品上的油污和沾染时间不太长的果汁、血渍等具有良好的清洗效果，而且不会伤害化纤制品。使用时，先将化纤清洗剂摇晃均匀，然后喷在需要清洁的物体表面，再用清洁干布将污物、清洗剂擦拭干净。

(6) 多功能内饰光亮剂。多功能内饰光亮剂（见图 7-18）可对化纤、皮革、塑料等不同材质的内饰物品进行清洗，同时可起到上光、保护、杀菌等作用。使用也很方便，只要一喷一抹，即可使内饰件光洁如新，并有防止内饰件老化、龟裂及褪色的功效。

(7) 真皮滋润剂。真皮滋润剂能通过"渗透"进入真皮内层，保养真皮内部组织从而使真皮长久保持柔软性、细腻性及弹性。长期使用真皮滋润剂可以有效防止真皮皱裂。

图7-17　化纤清洗剂　　　图7-18　多功能内饰光亮剂

(8) 真皮保护剂。真皮保护剂（见图7-19）主要用于皮革制品的清洁与护理，在清除污垢的同时能在皮革制品表面形成一层保护膜，起到抗老化、防水、防静电的作用，延长皮革制品的使用寿命。把真皮清洁干净后喷涂在其表面上，静置20~50 min即能达到效果，用量为25 mL/m^2。经真皮保护剂处理过的物品不能用清洁剂洗涤，有污迹时只需用湿布轻抹即可去除，建议吹风烘干。

(9) 表板蜡。表板蜡（见图7-20）又称仪表蜡，是一种专门针对汽车皮革饰件、仪表等部件的保养用品，能有效防止仪表板、车内饰件等的老化，同时具有去污、防静电的功效。该蜡能使汽车的真皮座椅、车内顶篷迅速恢复天然光泽及质感，保持清爽柔软；使仪表板、转向盘、变速杆、驻车制动器、ABC立柱区和车胎表面亮丽如新；该蜡防尘污和防锈等效果优良，其良好的润滑性可防止物体表面粗糙化，令物体表面高度亮泽。

图 7-19　真皮保护剂　　　　图 7-20　表板蜡

使用汽车内饰件护理清洁用品的注意事项

（1）应使用对应功能的专用清洁剂或功能与要清洁内饰件性质相近的清洁剂。例如用真皮清洁保护剂清洁真皮座椅；用化纤清洁剂清洗丝纤维制成的座椅、地毯等；用玻璃抛光剂清洗、抛光前风窗玻璃等。

（2）不要随意混合或加温使用车内饰清洁用品。因为不同的汽车内饰件清洁护理用品相互混合有可能产生一些有害物质。若将清洁剂加温，如放入蒸汽机内使用，也容易使其在高温环境下发生化学反应，产生有害物质。因此，除非产品包装上注明特别的混合比例或须在高温环境下的使用方法；否则，切勿随意混合或加温使用车内饰清洁用品。

（3）对不熟悉的产品应先测试再使用。对于首次使用的清洁剂，应先在相同材质的待清洗部件的不显眼处进行测试。如使用真皮清洁剂清洗车内座椅皮革时，可先在座椅底部或背面等不显眼的地方小面积使用，观察清洗效果，以防褪色或造成其他损害。

（4）车内饰件上有特殊的污渍，如焦油、油漆和机油等时，不可用力擦洗，应选用专用清洁剂先浸润、浸透后再清洗。

（5）清洁作业时，应喷上清洁剂稍停片刻后才进行擦拭。擦拭方向要求后期只能单向运动，以便保持光线漫射面一致。

（6）如有需要，可对清洗过的较难干燥的饰件进行烘干处理，防止发霉。

2. 外饰件清洁护理用品种类、功能与使用

（1）玻璃抛光剂。玻璃抛光剂（见图7-21）用于抛光蒙砂玻璃与喷砂玻璃，以增加玻璃的"无手印效果"（即手贴在玻璃上无被粘贴的感觉且手感光滑），此效果可通过抛光程度来调整。抛光工艺简单，易操作。要根据实际玻璃硬度确定抛光时间，最后用足量的自来水彻底清洗玻璃表面。

（2）玻璃防雾剂。玻璃防雾剂（见图7-22）含有分散防滴材料以及纳米有机活性剂，经防雾剂处理过的玻璃表面有一层超亲水纳米膜，使雾气与之接触后，形成凝固点较低的混合物，从而防止结雾。用干净毛巾、纸巾蘸取玻璃防雾剂均匀地擦拭凝雾产生处即可起防雾作用，适用于前风窗玻璃和倒车镜防雾。

图 7-21　玻璃抛光剂　　　　　图 7-22　玻璃防雾剂

（3）塑胶保护剂。塑胶保护剂（见图 7-23）主要用于车身塑料及橡胶制品的清洁与护理，清除污垢的同时能在塑料橡胶制品表面形成一层保护膜，具有翻新效果；同时具有专业润滑作用，采用洁净快干配方，也适用于金属、木材等。本品能对汽车上的许多部件进行润滑保养，特别对塑料、橡胶润滑效果更佳，能减少部件的磨损使汽车保持最佳状态。它适用于车门窗密封条、车窗玻璃、后视镜、保险杠与车裙等的清洁保养。

（4）多功能电镀抛光剂。多功能电镀抛光剂（见图 7-24）又称金属抛光剂，能去除金属电镀表面的污染物、氧化层、微划痕；能在清洁的同时去除金属电镀表面发乌的氧化层，还原金属表面原有的光泽，并生成防锈、防腐膜（一层极光亮的膜）。它适用于金属饰条、轮眉与轮毂的清洁与保养。使用前摇匀，清洗待处理金属表面并晾干后，将适量的该产品倒在干净的软毛巾上，轻轻地摩擦物品表面，一次抛光一小块区域，直至出现黑垢，继续抛光去除氧化层，然后用干净的软毛巾去除黑垢，抛光即可。

图7-23 塑胶保护剂　　图7-24 多功能电镀抛光剂

（5）轮毂除锈防锈清洗剂。轮毂除锈防锈清洗剂（见图7-25）适合清洁铝合金与钢制轮毂上的锈渍、油渍和制动粉末留下的顽固污渍等。将轮毂除锈防锈清洗剂喷洒在被清洁部位的表面，停留10~20 s后，用软毛刷或海绵配合洗刷，然后用水清洗，最后用毛巾擦干。在使用时应特别注意，轮毂除锈防锈清洗剂尽量不与漆面接触。

（6）轮胎增黑护理剂。轮胎增黑护理剂（见图7-26）又称轮胎光亮剂，它替代了传统使用在轮胎和轮毂上的泡沫清洗剂和光亮剂，能使轮胎增黑、光亮，呈现轮胎本身的黑亮色泽，防止轮胎龟裂、泛白老化、爆胎，能迅速去除轮毂上的各种油污、脱黄等。使用时，将本品以雾状均匀喷在轮胎、轮毂表面；用泡沫海绵擦拭轮胎和轮毂表面的污渍，再用专用轮胎毛巾擦拭干净即可。

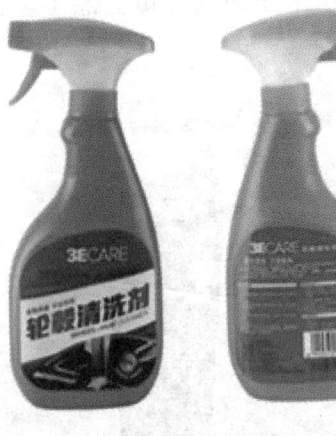

图 7-25 轮毂除锈防锈清洗剂　　　　图 7-26 轮胎增黑护理剂

（7）柏油清洁剂。柏油清洁剂（见图 7-27）能快速渗透、溶解及清除汽车表面和汽车金属轮毂上的焦油、沥青、鸟粪渍等难以清洗的污垢，且不会腐蚀被清洁物体。适用范围：金属、车漆、塑料、玻璃等。使用前将柏油清洁剂摇匀，喷于车体污垢处，等 3~5 min，待柏油等污渍乳化后，用湿毛巾擦拭干净即可，重垢部分可重复一次。建议在汽车漆面上使用后，及时对漆面打蜡保护，效果更佳。

（8）发动机外表清洁剂。发动机外表清洁剂（见图 7-28）又称机头水，能快速有效地除去各种发动机表面的污渍、油污、积垢等。使用时，直接喷洒于发动机表面，停留 5 min 后用清水冲洗干净。清洗发动机外部时，应注意不要将水溅到点火线圈等电气系统零件上，否则会使发动机不易启动。一旦有水溅到电气系统零件上，应用干布把水擦掉，或用压缩空气吹干。由于该品的基料是煤油，因此不能用于内饰，也不能在发动机炽热时使用，以防引发火灾。

图 7-27　柏油清洁剂　　　图 7-28　发动机外表清洁剂

（9）发动机上光剂。发动机上光剂（见图 7-29）可用于修复和保护原始的橡胶和塑料表面，使褪色的橡胶变得更柔软、光滑。可以令发动机装饰塑料橡胶件富有光泽，并使其不易油腻、沾灰。使用方法：将产品直接喷射在洁净、干燥的塑料橡胶件等制品上；应在产品彻底干燥后再启动汽车，通常为 10 min。

图 7-29　发动机上光剂

二、典型内外饰件清洁护理用品的使用方法

1. 真皮保护剂的使用

中高档汽车内饰大量使用真皮件,如车内座椅、附属箱、内饰边门、转向盘套等。真皮保护剂主要用于皮革制品件的清洁与护理,在清除污垢的同时还能在皮革制品表面形成一层保护膜,对皮革件起到抗老化、防龟裂、抗紫外线、防水、防霉及防静电作用,延缓皮革件的老化。真皮保护剂的使用方法如下:

(1) 使用皮革清洗剂时,应先将皮革件表面的污垢清洗干净,如图7-30所示。

图7-30 用皮革清洗剂去污

(2) 把真皮保护剂均匀地喷敷于皮革件表面并保持20~50 min,真皮保护剂的用量约为25 mL/m^2 即能达到效果,如图7-31所示。

(3) 使用红外线烤灯加速真皮保护膜的硬化,如图7-32所示。

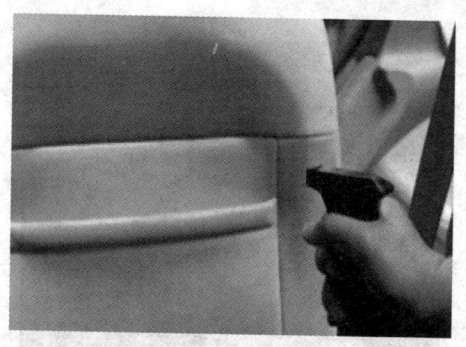

图 7-31　均匀喷敷真皮保护剂

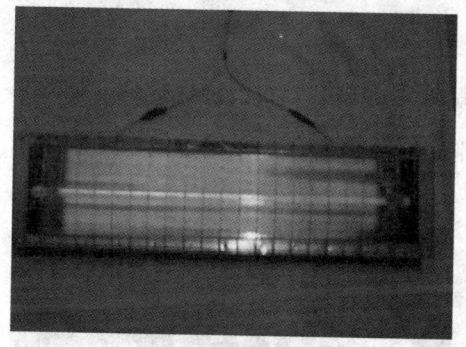

图 7-32　用红外线烤灯加速真皮保护膜硬化

2. **塑料清洁保护剂的使用**

塑料清洁保护剂由紫外线吸收剂、抗氧化剂等配制而成,用于塑料部件的清洁与护理,并能起到抗老化、抗紫外线的效果,能使长期受阳光暴晒和高温影响的塑料部件保持制品原有的透明度或色泽。塑料保护剂的使用方法如下:

(1) 将塑料部件表面的污垢清洗干净。

(2) 使用专用的清洁剂,去除残留并已经白化的蜡,如图 7-33 所示。

图 7-33 去除残留并已经白化的蜡

(3) 经脱蜡处理后喷涂塑料清洁保护剂，如图 7-34 所示，并用干净柔软的毛巾轻轻擦拭。

图 7-34 喷涂塑料清洁保护剂

(4) 使用红外线烤灯加速塑料清洁保护膜的硬化反应。

3. 发动机上光剂的使用

发动机上光剂用于修复和保护发动机的橡胶、乙烯基和塑料表面，使其光泽如新，不易沾染灰尘和油污。发动机上光剂的使用方法如下：

(1) 使用专用清洗剂除去发动机表面的污垢,如图7-35所示。

图7-35 除去发动机表面污垢

(2) 将发动机上光剂喷到海绵上,如图7-36所示。

图7-36 将发动机上光剂喷到海绵上

(3) 用海绵将发动机上光剂涂抹到发动机需要上光的部位,如图7-37所示。

(4) 涂抹完毕,用干净、柔软的毛巾轻轻擦拭。

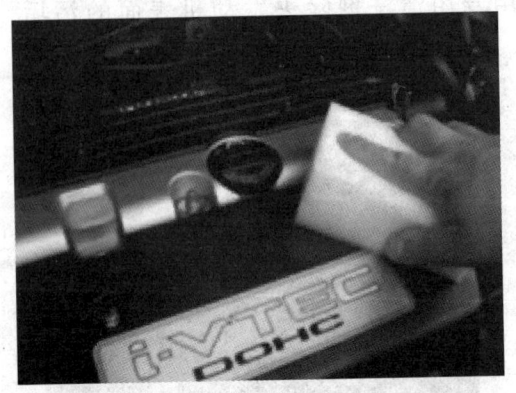

图 7-37 将发动机上光剂涂抹到发动机上

模块 4　汽车外饰件清洁护理作业

一、汽车外饰件的清洁护理

汽车的外饰件主要包括汽车保险杠、车裙、金属饰条、车轮轮眉、轮胎、轮毂、车窗玻璃、后视镜、门把手等。这些外饰件都应定期进行清洁护理以延长它们的使用寿命并维持车辆外观的美观与整洁。汽车外饰件的清洁护理方法与步骤如下。

1. 车门窗密封胶条清洁护理

密封胶条用于车门、车窗、车身、天窗、发动机舱和行李舱等部位，具有隔音、防尘、防渗水和减震的功能，起到对车内乘员、电子装置、机电设备和附属物品的重要保护作用。

车门窗密封胶条清洁及护理方法如下:

(1) 使用塑料橡胶清洁全能水清洗车门窗密封条处。

(2) 将塑料橡胶保护剂直接均匀地喷洒在车窗密封胶条上,如图7-38所示。喷洒后应静置几分钟,使塑料橡胶保护剂充分渗透。

图7-38 将塑料橡胶保护剂喷洒在车窗密封胶条上

(3) 用干净、柔软的毛巾擦干。

2. 车窗玻璃及后视镜清洁护理

车窗玻璃及后视镜洁净与否不仅影响汽车外表的美观性,更关系到驾驶员能否得到清晰的视野,对行车安全有着直接影响。车窗玻璃及后视镜清洁护理方法如下:

(1) 清洁前放下玻璃,先清洁玻璃边缘与密封槽内的污垢。

(2) 在车窗玻璃及后视镜上喷洒玻璃清洁剂,如图7-39所示。然后用干净柔软的毛巾擦拭。

(3) 在车窗玻璃及后视镜上喷涂一层玻璃防雾剂,喷涂后应停

图 7-39　喷洒玻璃清洁剂

留几分钟使玻璃防雾剂充分干透。这道工序可使车窗玻璃、后视镜清洁、透亮并在一段时间内不易"挂水",如图 7-40 所示。

图 7-40　使用玻璃防雾剂后"不挂水"

需要特别注意的是,以上工序只能用于清洁玻璃的外侧,因为玻璃内侧通常有太阳膜,若操作不当会造成太阳膜脱落。清洁玻璃内侧用干毛巾蘸水擦拭即可。

3. 保险杠、车裙、后视镜架清洁护理

汽车外饰的塑料和橡胶产品如保险杠、车裙、后视镜架等在使用一段时间后会出现发灰、发白等现象,严重的会产生龟裂、褪色。以上情况可使用塑料橡胶清洁护理用品护理,不仅可以对塑料、橡胶件表面清洁、上光,同时可使被处理表面的褪色部分得以恢复,并且留下一层光滑的保护膜。

保险杠、车裙、后视镜架清洁及护理方法如下:

(1)使用塑料橡胶清洁全能水,清洗保险杠、车裙、后视镜架等处。

(2)在饰件表面喷少许塑料橡胶保护剂,再使用干净、柔软、不起毛的软布擦拭饰件表面,直至擦亮为止。这道工序既可为饰件去污上光,也可起到防止饰件老化龟裂的效果,如图7-41所示。

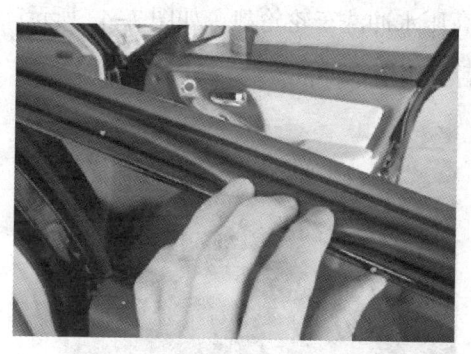

图7-41 去污上光,防止饰件老化龟裂

4. 金属饰条、车轮轮眉清洁护理

金属饰条、车轮轮眉通常为电镀件。电镀件并不像不锈钢那样耐氧化、耐腐蚀,需要精心护理才能保持光洁,一旦污迹侵蚀超过一定标准,空气中的酸雨、水分、杂质等就会进入电镀层的里面,

从内到外来瓦解电镀层,最终形成我们平时看到的电镀层剥落与锈蚀。

金属饰条、车轮轮眉清洁及护理方法详见本模块"电镀饰件的清洁护理"。

5. 车轮轮毂清洁护理

车轮轮毂的金属基体是铝合金,其质地较软,表面通常有一层金属保护膜。通常车轮轮毂的工作条件比较差,容易受到泥沙、沥青、雨水以及碱、酸、盐的侵蚀,使车轮轮毂表面失去光泽。因此,定期、合理地做好车轮轮毂的护理尤为重要。在护理中还应努力保护好车轮轮毂上的金属保护膜,使其免受或少受损伤。

车轮轮毂的清洁护理方法与具体步骤。

(1)先用高压水冲洗车轮轮毂,如图7-42所示,再喷清洗剂以海绵刷洗,然后再用清水冲洗。

图7-42 用高压水冲洗车轮轮毂

(2)当轮毂表面有难以清除的污渍时,要选用专用的轮毂除锈防锈清洗剂去除,这种清洗剂能够温和有效地去除污渍,同时避免对铝合金表面的伤害。

（3）将轮毂除锈防锈清洗剂喷洒在车轮轮毂的表面，停留10~20 s后，用软毛刷或海绵配合洗刷，如图7-43所示，然后用水清洗，用毛巾擦干。

图7-43 轮毂清洗剂与软毛刷配合使用

（4）当轮毂上沾有难以清除的沥青时，如果一般的清洗剂清除不掉，可用刷子试着清除，但切勿使用过硬的刷子，尤其是铁刷子，以免损伤轮毂表面。

（5）车辆在滨海地区使用时，轮毂应勤护理，以避免海水盐分对铝合金表面产生的腐蚀。

注意事项：

（1）轮毂除锈防锈清洗剂应尽量不与车身漆面接触。

（2）轮毂本身就存在着一层金属保护膜，所以清洗时还要特别注意不要使用油漆光亮剂或其他研磨材料。

（3）当轮毂温度较高时，不能用冷水清洗，否则，会使铝合金轮毂受损，甚至使制动盘变形而影响制动效果。

(4) 在高温时若使用清洗剂清洁铝合金轮毂,会使轮毂表面发生化学反应,失去光泽,影响美观。

(5) 当轮毂上沾有难以清除的沥青时,如果一般的清洗剂清除不掉,可用刷子试着清除,但切勿使用过硬的刷子,尤其是铁刷子,以免损伤轮毂表面。

(6) 车辆在滨海地区使用时,轮毂应勤护理,以避免海水盐分对铝合金表面产生腐蚀。

6. 轮胎增黑护理

轮胎在使用过程中受到太阳暴晒和化学物品侵蚀而逐渐老化,表现为轮胎表面泛灰失光,如图7-44所示。轮胎老化而引起的泛灰失光是无法通过清洗消除的,严重时会使轮胎变硬、龟裂,从而失去轮胎应有的弹性和塑性。所以,应定期对轮胎进行护理。

图7-44 正常轮胎与泛灰失光轮胎对比

轮胎增黑护理方法如下:

(1) 使用轮胎专用的洗车液和海绵块、棕毛刷等对轮胎进行清洗,如图7-45所示,之后充分晾干或擦干,表面不得有带水、潮湿现象。

第 7 单元　汽车内外饰件的清洁护理

图 7-45　使用轮胎专用洗车液清洗轮胎

（2）上轮胎增黑护理剂时可直接喷涂于轮胎表面，如图 7-46 所示，也可以直接用软布涂抹，均匀擦拭，直至轮胎乌黑发亮。轮胎增黑剂的作用是清洁和增黑。

图 7-46　喷涂泡沫轮胎增黑剂

7. 车灯清洁护理

汽车前照灯大多为树脂材料，其表面容易发黄、龟裂，并且经常会被刮而出现刮痕。对车灯进行清洁护理一般可用清洗树脂材料专用的清洁剂喷洒后擦拭,也可用酒精清洁。轻微的划痕可用车蜡处理;严重的划痕可用砂纸打磨后,再用抛光蜡抛光。

8. 发动机外部清洁护理

护理发动机外部要选择专门的清洗剂。清洗剂的种类一般有发动机外部清洗剂、电子设备清洗剂、金属抛光剂、塑料橡胶保护剂和金属保护剂五种。

发动机外部清洁护理方法详见本模块"典型外饰件的清洁护理"。

二、典型外饰件的清洁护理方法

1. 电镀饰件的清洁护理

电镀件并不像不锈钢那样耐擦洗,需要精心护理才能保持光亮常新。因此,平时要避免污迹过于长久地粘在电镀层上。在对电镀件进行清洁护理时最好使用电镀件清洁剂,既快捷又安全;没有条件的,可以用热水浸湿的毛巾或者液态汽车蜡代替。

电镀饰件的清洁护理方法与具体步骤如下:

(1) 将电镀件清洁剂喷洒或涂敷在车身电镀饰件上,如图7-47所示,稍停几分钟,让清洁剂湿润电镀饰件,再用棉毛巾轻轻擦拭,直到把电镀件擦得光亮干净。进行这道工序的目的是为上电镀抛光剂做好前期准备。没有电镀件清洁剂的配合,不能直接擦拭电镀饰件,否则很容易使电镀饰件表面产生伤痕。

(2) 用小毛巾蘸取多功能电镀抛光剂并涂抹在电镀饰件上反复擦拭。也可用液体抛光蜡代替,用湿毛巾蘸取抛光蜡进行涂抹擦拭,也能达到很好的抛光效果,如图7-48所示。

(3) 清洗之后,可在电镀件表面打一层固态蜡,形成保护层,

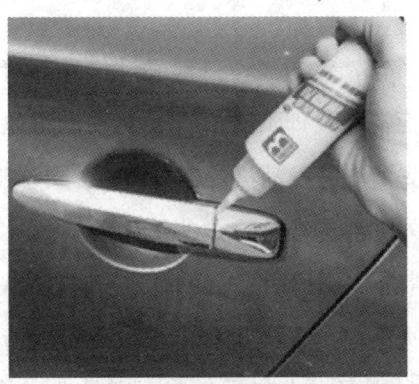

图 7-47　将电镀件清洁剂涂敷在饰件上

图 7-48　电镀抛光剂涂抹、擦拭前后对比

这样可以防止电镀层受损而脱落。

(4) 待涂蜡层呈半干状态时，用柔软的棉布进行抛光，反复擦拭，最后要注意清理塑料电镀件上的残余蜡。

2. 发动机外部的清洁护理

汽车经过长期在多种环境下使用，发动机舱内会进入一些尘土和杂物，如不清洗，将会在发动机外部形成积碳和胶质等有害物质，所以，保持发动机舱及发动机外部的清洁，对于保障发动机的正常运行十分重要。

（1）发动机外部清洗方式。一般发动机外部清洗包括整个发动机舱与发动机表面清洗，即清洗时也要对发动机舱盖内饰板进行清洗，清洗顺序是先清洗完发动机舱盖内饰板，再清洗发动机外表。

目前发动机外部清洗常见的方式有以下三种：

1）高压水清洗。高压水清洗法为传统清洗方式。清洗前要包裹好发动机上的点火线路、发电机和电子设备等。清洗后，在发动机启动前需吹干各种电子、电气元件；否则易造成线路短路并烧毁，且发动机难以启动。此清洗方式用水量大，清洗时间相对较长。注意，不宜使用高压水柱直接冲洗发动机外部，应使用中低压水花冲洗，如图7-49所示。

图7-49　用中低压水花冲洗发动机外部

2）蒸汽清洗。蒸汽清洗法为目前汽车专业美容店常采用的清洗方式。具体步骤是在包裹好电子、电气元件后，对发动机外部喷洒一遍专用发动机清洗剂，然后用蒸汽清洗，如图7-50所示。这种方式需投资蒸汽设备，优点是用水量较少。需注意的是，清洗时为防止高温蒸汽损伤电子、电气元件，不宜直接对这些电子、电气元件吹洗或停留时间过长。

图 7-50　用蒸汽清洗发动机外部

3）高压气流喷洗。高压气流喷洗法是使用高压气流喷洗发动机外部的清洗方式。高压气流喷洗需使用专用清洗喷漆枪，结合发动机清洗剂，通过高压气流喷洗，如图 7-51 所示。高压气流喷洗方式相对成本较高，且发动机清洗剂对电子、电气元件有一定的腐蚀作用。

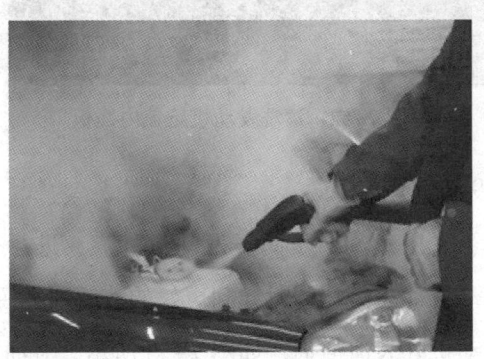

图 7-51　用高压气流枪喷洗发动机外部

（2）发动机外表清洗方法与步骤。目前，蒸汽清洗发动机在汽车美容行业越来越被人们所接受。这种方式不仅节水，而且清洗后的效果更干净。同时清洗时间比较短,不会对发动机点火线路、发电机和电子、电气元件产生伤害。也不像高压水清洗发动机会产生大量的废水,对环境造成污染。

下面以蒸汽清洗法为例,介绍发动机外部清洗的方法与步骤。

1) 包裹点火线路、发电机和电子、电气元件。包裹的目的是保护发动机上的点火线路、发电机和电子、电气元件等免受蒸汽与清洁剂造成的潮湿与侵蚀。

2) 清洗发动机舱盖内部。清洗发动机舱盖内部及隔热棉部分,如图 7-52 所示。清洁完用气枪吹干,防止水滴掉落在发动机上。

图 7-52　清洗发动机舱盖内饰板

3) 清洗发动机外部

①清洗前,先用蒸汽初步润湿发动机外表,进行初步清洁,也有助于喷洒发动机外表清洁剂时起到更好的溶解和去污作用。

②喷洒发动机外表清洁剂,如图 7-53 所示,对油污比较重的地方,洗刷一次后可再次喷清洁剂溶解油污。

③均匀喷洒发动机外表清洁剂后应停留几分钟,待清洁剂充分溶解油污,再用毛刷刷洗,如图 7-54 所示。

图 7-53　喷洒发动机外表清洁剂

图 7-54　用毛刷刷洗发动机外部

④用蒸汽清洗发动机，如图 7-55 所示。可一边清洗一边用海绵、毛巾擦拭，如图 7-56 所示。注意要不断清洗海绵或毛巾，确保不要粘有细沙粒等杂物。

⑤蒸汽清洗完后应用风枪吹干发动机外表水分，以便上光。

⑥发动机表面上发动机上光剂，将发动机上光剂喷敷于发动机外表，如图 7-57 所示。经精心护理后的发动机外部乌黑发亮，如图7-58 所示。

图 7-55　用蒸汽清洗发动机

图 7-56　一边清洗一边用海绵擦拭

图 7-57　将发动机上光剂喷敷于发动机外表

图 7-58　护理后发动机外部乌黑发亮

模块 5　汽车内饰件清洁护理作业

汽车内饰美容通常指对汽车内部空间的美容护理。汽车内饰件大多数由塑料、人造纤维、皮革和橡胶等材料制成。这些饰件在使用过程中难免被污染、腐蚀,其性能也会退化。例如:塑料、橡胶件在风吹日晒的情况下会氧化而失去光泽;皮革件用久后易出现磨损、褪色、老化和龟裂等现象;纤维制品容易被尘埃、污物等污染而褪色。所有这些都会影响汽车内部空间的美观和舒适性。

汽车驾乘人员在使用车辆时,接触最多的是汽车的内部空间,它的舒适、美观和卫生与否,极大地影响着驾乘人员的情绪和健康。因此,进行汽车美容时,要像重视汽车外部美容护理一样重视汽车内部空间的美容护理。

一、汽车内饰件的清洁护理程序

汽车内饰件的清洁护理程序与内容如下。

1. 车室除尘

车室除尘是汽车内饰件清洁护理的第一项工作，其目的是清除汽车内饰件表面、夹缝、隐蔽处的灰尘。车室除尘应自上而下按顺序进行，具体内容包括仪表台、仪表板、烟灰缸、后置物台、车门杂物箱、座椅、地毯、行李舱等处的除尘。进行除尘作业一般应采用吸尘器和软毛刷、毛巾等工具，应一边吸尘一边用软毛刷、毛巾擦拭，如图7-59所示。

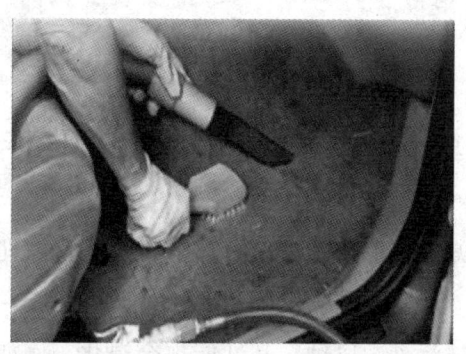

图7-59 用吸尘器和软毛刷进行除尘作业

车室除尘作业顺序是：先高后低，由里到外，从周围到中间。

2. 车室蒸汽高温处理

车室蒸汽高温处理的目的是软化车室表面（车顶篷、车室门内饰板、仪表台、仪表板、座椅、地毯、后置物台、行李舱），以便清洁，如图7-60所示。

3. 车室清洁

车室清洁作业的目的是清除车室内的附着物或浸渍，使用的用品和工具包括汽车专用清洁护理用品和毛刷、毛巾等。在清洁时要

第7单元 汽车内外饰件的清洁护理

图 7-60 车室蒸汽高温处理

根据汽车内饰件饰物的材料选择适当的清洁护理用品。顺序是先清洁车顶，再清洁真皮座椅、坐垫、纤维织物、玻璃、仪表台、仪表板（见图 7-61）、门边后置物台，最后清洁地毯、脚垫等。

图 7-61 清洁仪表板

4. 车室净化消毒

车室除尘、车室蒸汽高温处理、车室清洁作业的目的主要是清除灰尘和污迹，而对于车内饰物表面和纤维织物内层的有害细菌无法彻底清除，所以在车室美容项目中还包括车室杀菌净化。蒸汽杀

· 175

菌作业除了对车内空气进行全面的高温杀菌外，还应对车内的空调出风口、座椅、地毯等容易积存灰尘和细菌的部位进行重点杀菌处理。

5. 车室塑料、皮革上光保护

车室除尘、车室蒸汽高温处理、车室清洁与车室净化消毒只是恢复了车室内部原有的环境，为了对车室内部环境进行较长时间的保护，必须对车室内部的饰物进行上光保护。在进行作业时应根据饰物材料选择使用上光保护剂的种类，再根据上光保护剂的种类确定采用喷涂还是擦涂方法。无论采用哪种方法，都必须做到涂抹均匀。操作时，将少许塑料、皮革保护剂倒在海绵上，并均匀涂抹于工作面，然后用干净的无纺棉进行抛光，如图 7-62 所示。如果饰物长时间未经护理，必要时可重复作业。

图 7-62 皮革座椅上光保护

二、汽车内饰件的清洁方法与要求

针对汽车内饰所用的材料不同，所采用的清洗、护理方法和用品也各有不同，具体如下。

1. 塑料制品清洗

首先将稀释过的泡沫清洗剂喷洒于塑料部件上，如仪表台、仪表板、遮阳板支架、座椅护围等，然后用毛刷蘸清水刷洗表面，直至部件上的污垢被完全清除，再用半湿性毛巾擦净刷掉的污垢，如图7-63所示。如果去污力度不够强劲，可视油污轻重调整泡沫清洗剂稀释比例，加大去污力度，但清洗剂浓度不应过高，以免清洗剂腐蚀部件表面，使部件表面出现失光白化现象。

图7-63 仪表台、仪表板清洁与护理

车室内的仪表板清洁护理方法详见后文"仪表板清洁与护理"。

2. 皮革制品清洗

在高档轿车上，有很多器件是用皮革包装或制造的，如转向盘及座椅等。皮革座椅的清洁护理要使用专用的真皮保护剂。

清洁这些皮革制品时，可先用一块湿布擦去皮革上的污物，如果污物较"顽固"，可用一块蘸有稀释清洁剂的海绵擦拭，如图7-64所示。注意化学清洁剂不能随便使用，在擦拭皮革制品时应选用碱性的清洁剂。擦拭时不可将皮革弄得太湿,以免清洁剂顺着缝合处渗入机件。用清洁剂擦拭后,用一块干燥的软布或毛巾将其擦干,然后再打开车门,让空气流通,彻底晾干皮革上的水分。

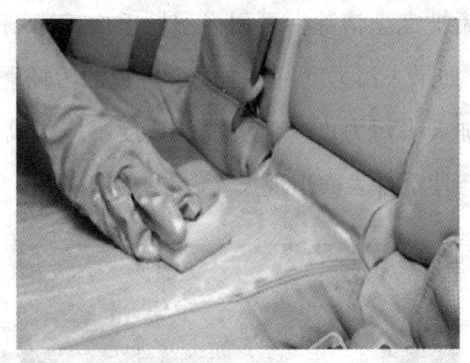

图7-64 用蘸有稀释清洁剂的海绵擦拭皮革座椅

最后,应使用皮革保护剂,如皮革上光剂等,对晾干的皮革擦拭、上光。

皮革座椅的清洁护理方法详见后文"皮革座椅的清洁与护理"。

3. 橡胶制品清洗

首先将泡沫清洗剂喷洒于半湿性毛巾上,然后直接擦拭橡胶部件,切勿使用毛刷,以免使橡胶件失去亮度。再用干净的半湿性毛巾擦净部件表面的清洗剂。

4. 织物件清洗

车室内的织物件如顶篷、织物座椅、绒毛座椅、后置物台、门内饰板、地毯、行李舱等,应采用丝绒清洁保护剂或化纤清洗剂清洁护理,如图7-65所示。

车室内的织物件、丝绒件顶篷清洁护理方法详见本模块"车内

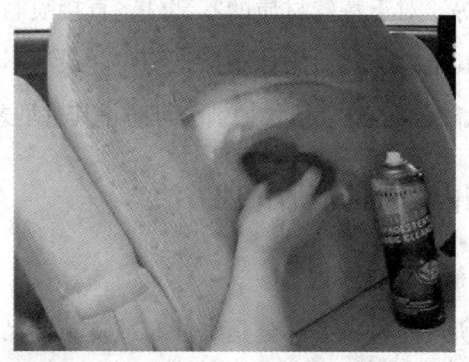

图 7-65 绒毛座椅的清洁护理

顶篷的清洁护理"。

车室内的丝绒、毛绒地毯的清洁护理方法详见本模块后文"丝绒、毛绒地毯与脚垫的清洁护理"。

5. 车窗内侧玻璃清洗

车窗内侧若没有贴玻璃太阳膜，其玻璃清洁护理方法可参考模块四中"汽车外饰件的清洁护理"。

另外注意，擦拭时不可用力过猛，以防损伤藏在玻璃内的电热丝。注意后风窗玻璃的除雾电热丝线，一定要沿着电热丝线的方向左右擦拭，不可垂直擦拭，以免造成短路。前、后风窗玻璃的下端是用手擦不到的地方，可用木尺等工具，在其前端包上海绵或软布后擦拭。

车窗内侧若贴有太阳膜，清洁护理时只需用干毛巾蘸水擦拭即可。

6. 车内特殊材质清洗

现代汽车内室为了美观、舒适，大量采用了多种复杂的材料，如聚乙烯塑料等。对于特殊材质的零部件，直接喷洒万用清洁剂或泡沫清洁剂在其上面，然后用抹布擦干即可。最后不要忘记喷涂一层能保护聚乙烯塑料的外表层保护剂，可防止其过早老化变脆变硬。

三、典型内饰件的清洁护理方法

1. 车内顶篷的清洁护理

车内顶篷所用的材料大部分是细绒布或皮革制品，其吸附性较强，较易被烟雾、尘土和人体油脂（尤其是头发上的油脂）所污染。

车内顶篷的清洁护理与具体步骤如下：

（1）安装车内清洁保护套。进行车内顶篷的清洁护理时，液体残留物易发生滴落，从而弄脏座椅或地毯。所以在清洁护理顶篷时，要事先安装好各种保护套，如座椅保护套、车室内侧门保护套及车室地毯保护套等，防止残留液体滴落造成污染，如图 7-66 所示。

图 7-66 安装座椅保护套防脏污

（2）喷清洁剂。根据车内顶篷材料的不同，视需要选择喷涂泡沫清洁剂、丝绒清洁保护剂或化纤清洗剂，在喷涂到污垢处后应稍停几分钟，让清洁剂溶解软化污垢后再清洁，如图 7-67 所示。

第 7 单元　汽车内外饰件的清洁护理

图 7-67　要待清洁剂软化污垢后再清洁

（3）顶篷擦拭清洁。等到泡沫分解消失后，可用软毛刷刷洗，再用洁净的纯棉布将顶篷上的清洁剂吸出并进行擦拭，如图 7-68 所示。若污垢过厚，可重复以上工作。若顶篷表面带有细绒，可用一块干净的棉布顺着细绒的方向抹平，使其恢复本来面目，若棉布在清理过程中脏污应立即更换或清洗。

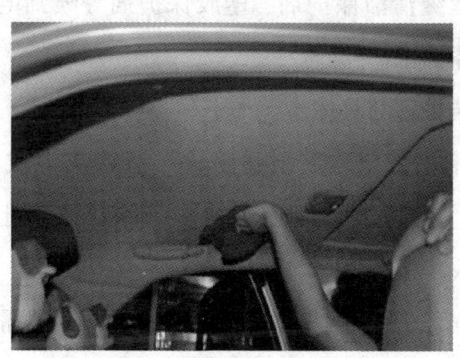

图 7-68　用纯棉布擦拭顶篷

（4）毛刷洗刷。若顶篷为塑料材质，可直接用毛刷蘸万能泡沫清洗剂或全能水刷洗。

· 181

(5)顶篷高温消毒。最后用高温蒸汽给顶篷消毒,使顶篷更加清洁和美观,如图7-69所示。

图7-69 用高温蒸汽给顶篷消毒

2. 仪表板的清洁与护理

仪表板等多为塑胶或皮革制品,这类部件表面有较多细条纹,易存留污物。清洗这些部件的过程中要注意,不能将万能清洁剂、泡沫清洗剂、丝绒清洁保护剂、塑胶保护剂等喷到电器、开关、皮革座椅及车身漆面上。

仪表板清洁护理与具体步骤如下。

(1)吸尘清洁。用软毛刷和湿软布清除灰尘或者一边用毛刷清洁一边用吸尘器吸尘,以达到初步清除仪表板上灰尘的目的,如图7-70所示。

(2)喷洒清洁剂。根据仪表板材料的不同,视需要选择喷涂丝绒清洗剂、全能泡沫清洗剂或塑料橡胶护理剂,也可用海绵蘸取清洁剂擦洗。注意不要将清洁剂直接喷洒在电器、开关上。

用蒸汽清洁仪表板(见图7-71)时,可一边清洗一边用毛巾擦拭脏污的清洁剂。

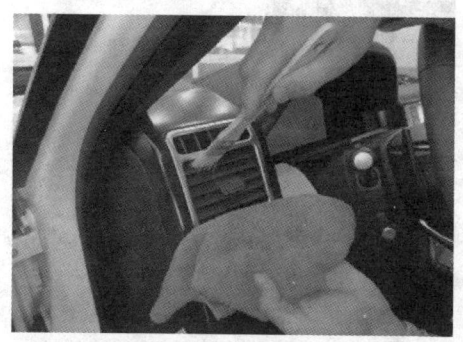

图 7-70 用软毛刷和湿软布清除灰尘

图 7-71 用蒸汽清洁仪表板

(3) 洗刷空调通风管并高温杀毒。用专门的仪表板清洗剂(空调用)对空调出风口进行喷洒,稍停几分钟,让清洗剂溶解软化污垢后再用软毛刷刷洗,并用干净的软布擦拭干净,如图 7-72 所示。

可用蒸汽清洁空调通风管道及出风口,在清洁的同时起到高温消毒的作用,如图 7-73 所示。

(4) 擦拭清洁。洗刷完后用一条干净毛巾擦拭整个仪表板。

在对空调通风口进行清洁时要小心,因其多为结构较细且材质较脆的硬质塑料栅格式结构,如图 7-74 所示。这种空调通风口沾染

图 7-72　向空调出风口喷清洗剂

图 7-73　用蒸汽对空调高温消毒

图 7-74　细心清洁空调格栅

的污垢多为粉尘、沙土，也可将栅格拆下清洗，用小毛刷、竹签和毛巾蘸取清洗液清洗。

（5）仪表板上光。清洁干净后，便可以进行上光护理，将专用的仪表蜡喷在仪表板上稍停片刻，再用干净的棉布擦净，如图7-75所示。为了防止仪表板反射的光线刺激驾乘人员的眼睛，最好使用不发亮耀眼的增亮剂。

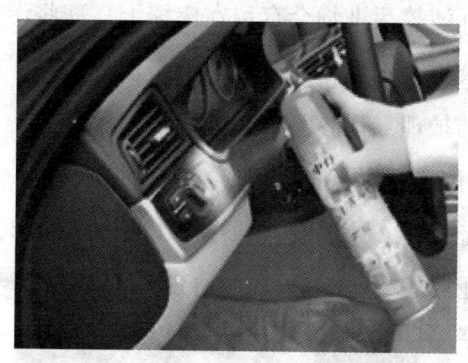

图7-75　仪表板喷上光蜡

完成以上步骤后，可以再喷涂一层清洁保护水蜡，以减少紫外线对仪表板的损伤。

3. 座椅的清洁与护理

座椅是驾乘人员接触最多也最容易弄脏的内饰件，所以定期对其进行清洁护理十分必要。在清洁护理时必须使用专用的皮革清洁剂和真皮保护剂，这样既可达到清洁护理的目的，也可防止座椅表面老化、褪色、龟裂。

汽车座椅的表面一般有两种类型，一是绒毛类，二是皮革类。清洗绒毛类座椅必须使用专用的丝绒清洁保护剂，绝对不能使用漂白粉。皮革类座椅表面材质分为真皮革和人造革，清洁时切不可使用清水或洗衣粉，否则不仅清洗不干净，还会使表面产生裂纹。清洗皮革座椅应使用专门的皮革清洗剂与真皮保护剂，这样才能达到良好的清洁和上光效果，还能有效去除静电，提供对皮革座椅表面的保护功能。

（1）丝绒类座椅的清洁与护理。丝绒座椅经过长期使用，许多灰尘、污渍、汗渍等污染物会存留在座椅上，这些污染物不仅影响视觉美观，更会滋生细菌，严重影响的人们的健康。因此，丝绒座椅需要定期清洁护理，其护理步骤如下。

1）吸尘清洁。不是很脏的座椅，建议使用长毛刷配合强力吸尘器，一边刷座椅表面，一边用吸尘器的吸口把污物吸出，如图7-76所示。座椅接缝处常是灰尘容易堆积的地方，可用手拨开再用吸尘器吸。

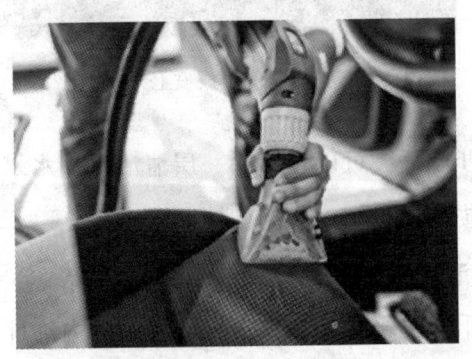

图7-76　用吸尘器给丝绒座椅吸尘

2）涂刷、喷涂清洁剂。涂刷丝绒清洁保护剂或泡沫清洁剂，如图7-77所示。

3）毛刷洗刷。对于较脏的丝绒座椅，可用软毛刷洗刷。

4）擦拭清洁。用干净的毛巾在清洁剂半干半湿的情况下，全面

图 7-77 涂刷、喷涂泡沫清洁剂

擦拭座椅表面，如图 7-78 所示。特别要注意的是抹布一定要拧干，以防止多余的水分渗入座椅的内衬海绵中。

图 7-78 用干净的毛巾擦拭座椅

5）吹干。用吸尘器再次抽吸丝绒座椅表面，其目的一是清洁座椅表面；二是吸出座椅表面上残留的脏污清洁剂及水分，使座椅表面尽快干爽起来。最后使用电吹风机将座椅表面烘干。

（2）皮革座椅的清洁与护理。皮革座椅的清洁护理包括人造革座椅和动物真皮座椅清洁护理。由于皮革座椅特别容易受到外界环境的污染,又不像布艺座椅那样可以随意拆下来清洗,其在使用一段时间后就会变脏,除了影响视觉美观外,还会造成皮革毛孔堵塞,影响透气性和手感。

皮革座椅长时间不清洁护理,就会被各种污物污染,并出现干燥、老化、发硬、龟裂、磨损、脱色等现象。因此,需要定期对皮革座椅进行清洁与护理,其护理步骤如下。

1)吸尘清洁。用吸尘器吸除真皮座椅上的灰尘及杂物等,如图7-79所示。

图7-79 用吸尘器吸除真皮座椅上的灰尘及杂物

2)喷涂清洁剂。人造革和真皮座椅表面有许多细小的纹理,容易积聚灰尘污垢,较难彻底清除。在清洗时不能直接用水清洗,必须使用专门的皮革清洁柔顺剂才能有效地去除静电和灰尘污垢,如图7-80所示。

3)毛刷刷洗。先将真皮清洁柔顺剂喷到座椅表面,稍停几分钟,让清洁柔顺剂渗透,然后用软毛刷刷洗,如图7-81所示。

4)擦拭清洁。接着用干净的棉布将真皮清洁柔顺剂擦干,如图7-82所示。再使用丝绒清洁保护剂进行预先处理,因为有些污垢

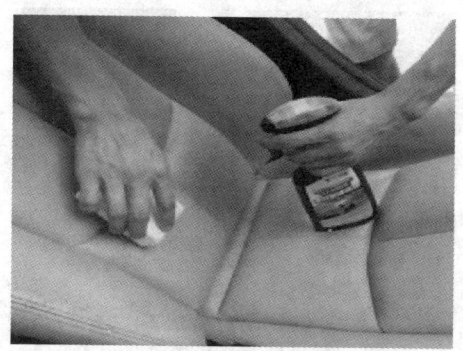

图 7-80　喷涂皮革清洁柔顺剂

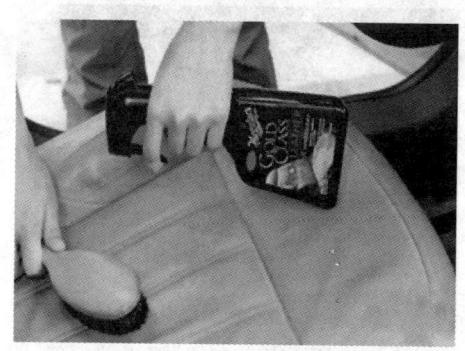

图 7-81　用毛刷刷清洁柔顺剂

可能硬结在皮革表面，使用丝绒清洁保护剂能有效地润湿和分解污垢，使接下来的清洁工作更加顺畅。

5）真皮滋润。真皮座椅清洁后，接着喷洒真皮滋润剂。真皮滋润剂通过"渗透"进入真皮内层，养护真皮内部组织从而使真皮长久保持柔软性、细腻性及弹性。长期使用真皮滋润剂，可以有效防止真皮皱裂。

6）擦拭涂匀。用海绵或软毛刷均匀擦拭真皮滋润剂，让其充分被真皮吸收，如图 7-83 所示。

图7-82 用棉布擦干座椅表面的清洁柔顺剂

图7-83 用海绵均匀擦拭真皮滋润剂

7)皮革上光。喷敷真皮上光保护剂进行上光护理,如图7-84所示。这道工序可改善皮革制品的手感,使之更加柔软自然;并赋予皮革制品优良的光泽性、耐干湿擦性、柔韧性。

8)擦拭涂匀。用软毛刷均匀擦拭真皮上光保护剂让其充分被真皮吸收。

9)自然风干。清洁后不要用吹风机快速吹干皮革,应让其自然风干。

图 7-84 喷敷真皮上光保护剂护理

4. 丝绒、毛绒地毯与脚垫的清洁与护理

丝绒、毛绒地毯与脚垫属于经常被踩踏的部位，很容易被弄脏，对其做好日常与定期清洁护理工作很有必要。丝绒、毛绒地毯与脚垫的清洁护理步骤如下。

（1）喷洒清洁剂。向绒地毯或脚垫喷洒丝绒清洁剂或泡沫清洗剂，如图 7-85 所示。在进行清洁处理前也可把绒地毯或脚垫从车中取出。

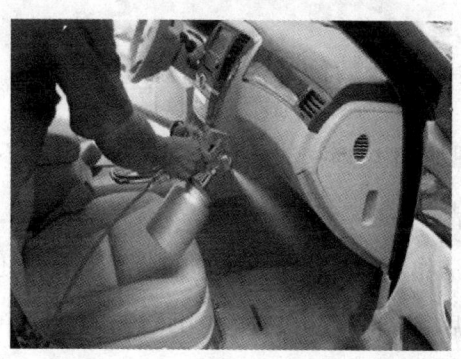

图 7-85 向绒地毯或脚垫喷洒丝绒清洁剂

（2）毛刷洗刷。用软毛刷或毛巾洗刷绒地毯或脚垫。

（3）蒸汽清洗。用蒸汽或高压水枪清洗绒地毯或脚垫，如图 7-86 所示。

图 7-86 用蒸汽清洗绒地毯或脚垫

（4）甩干机甩干

将绒地毯或脚垫放入甩干机内脱水甩干，然后取出晾干或烘干。注意绒地毯或脚垫放入甩干机时一定要压紧，防止在甩干机高速旋转时被甩出。

四、汽车内饰清洁护理注意事项

1. 必须按照汽车内饰物的材料选择护理用品，不能使用碱性强的洗衣粉、洗洁精等。

2. 进行清洁作业时，在喷洒清洁剂后必须静置几分钟，让清洁剂溶解软化污垢后再擦拭。擦拭时尽量保持直线、单向运动，这样可以保持内饰表面的光线漫反射面一致。

3. 丝绒、毛绒、纤维织品清洗后，可使用大功率吸尘器将内部残留水分吸净；塑料、皮革类光滑表面的饰物，用无纺布或毛巾擦干即可。

4. 饰物上黏附有特殊污物时，不可过于用力擦，需用专用的清洁剂进行清洗。

5. 护理顺序要正确，避免清洁护理过程中的二次污染。

6. 如果需要，可对清洗过的个别饰物进行干燥、烘干处理。

第 8 单元 汽车内部异味消除及消毒处理

汽车内部异味消除及消毒处理是保证车内空气净化的一个重要环节。汽车内部的异味和有害物质来自于多个方面,有车内材料自带的;有受外部环境污染物侵入而导致的;还有汽车自身排放的。对这些异味和有害物质必须进行消除及消毒,否则容易导致车厢内空气污浊并滋生细菌,从而影响行车安全并危害驾乘人员健康。

因此,日常或定期做好车内异味消除及消毒工作是十分必要的,是保证车内空气清新、洁净的重要手段。

模块 1 汽车内部异味来源与危害

一、汽车内部异味的来源

车内异味来源主要可以分为三个方面,即自身的内部装饰材料、外界的污染物、自身排放的污染物。

1. 汽车自身内部装饰材料

据相关调查材料表明,随着材料技术的进步及满足降低车重的要求,汽车中塑料的用量不断增加,目前,已经达到每辆车近80 kg,如图8-1所示,黏合剂的用量也达到每辆车5~27 kg。汽车内部使用的塑料、橡胶部件、织物、保温材料、黏合剂等材料中含有的有机溶剂、助剂、添加剂等挥发性成分,在汽车使用过程中释放到车内,会导致车内空气产生异味。

图8-1 汽车内部大量使用塑料、橡胶部件

2. 外界污染物

外界污染物包括自然界中的一些污染物,还包括驾乘人员在车辆使用过程中带到车内的污染物。这些污染物长期留存在车内不及时清理,就会导致车内产生异味。

3. 汽车自身排放的污染物

汽车自身排放的污染物会有少量通过发动机舱、排气管等途径进入车内,导致车内产生异味;汽车空调长期使用后风道内若积累了污物,在每次使用空调时也会将异味吹入车内。

二、汽车内部污染物的危害与种类

车内装饰材料释放出来的有害气体、人体代谢产生的有害物、车外环境的影响等产生的车内异味,都会使驾乘人员暴露在高浓度的有害物质中。其中有些物质可能致癌,有些可能会对神经系统、免疫系统、生殖系统等产生影响,有些还会影响内分泌系统,儿童、老人、免疫力低下的人群更容易受到伤害。汽车内污染物的种类如下:

1. 物理污染

物理污染主要由光照、温度和湿度等因素引起。

2. 化学污染

化学污染主要包括碳氢化合物、有机卤化物、有机硫化物、有机酸和有机过氧化物等有机挥发物。其中游离甲醛、苯、甲苯、二甲苯、TVOC(挥发性有机物)、TDI(甲苯二异氰酸酯)、胺、烟气烟碱等对人的危害最大,如图8-2所示。

图8-2 车内常见化学污染物

3. 生物污染

生物污染主要是微生物,包括各种致病病菌。

模块 2　汽车内部异味消除及消毒处理方法

一、汽车内部异味消除及消毒处理方法

消除车内异味主要有以下几种处理方法：

1. 清除异味源

驾驶员要讲究车内卫生，定期更换座套，如图 8-3 所示。经常清理行李舱，尽量不在行李舱里放置能产生气味的杂物，如果需要放置，应采用密封袋和密封箱封闭。驾乘人员不要在车内吸烟。

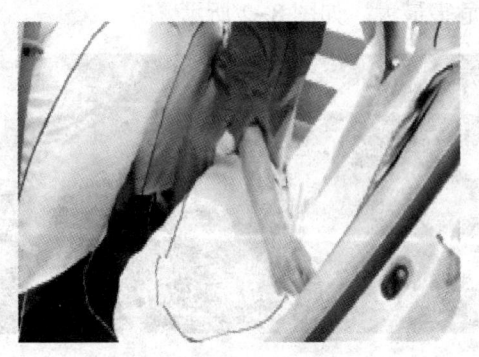

图 8-3　定期更换座套

2. 开窗通风

开窗通风是最简单有效的去除车内异味，使车内空气清新的方法。

3. 使用空气净化材料

使用目前市面上的车内净化除味材料，如光触媒、竹炭、活性

炭等。

光触媒消毒具体方法：详见本模块后文"光触媒消毒"。

竹炭同活性炭一样具有发达的空隙结构、很大的比表面积和超强的吸附能力。竹炭是以高山老竹为原料，采用高温热解技术烧制而成。竹炭每克比表面积高达 $500\sim700\ m^2$，具有极强的吸附能力，对苯、甲醛、丙酮、氨、一氧化碳、二氧化碳等有吸附分解作用，属纯天然绿色环保产品，专门用于除臭、杀菌、防霉、吸潮、防虫、防蛀、净化空气等，如图 8-4 所示。

图 8-4　汽车除味、杀毒竹炭

4. 安装空气净化器

安装使用优质车用空气净化器可祛除车内异味，但如果长时间使用臭氧发生器进行空气净化，会对人体产生一定的副作用，因此不宜长时间使用。

臭氧消毒具体方法：详见本模块后文"臭氧消毒"。

5. 利用气味遮盖异味

可在车内放些菠萝等水果，这类水果香味浓郁，且香味可长时间散发；还可以在车内放置茉莉花或装有干花、香草的香包；也可将白醋稀释后喷洒在车内。

二、用专用设备、工具进行汽车内部消毒

在上述方法中，有的需要用到专用设备和专用材料进行消毒，其具体操作过程及方法如下。

1. 蒸汽消毒

在蒸汽洗车机内加万用清洁剂和芳香剂，接通电源并加热到130℃，用喷出的高温蒸汽对汽车内的车顶篷、座椅、车门、车内饰、仪表板、通风口以及地毯等进行蒸汽消毒，如图8-5所示。还可以采用清洁机、多功能消毒机（臭氧、紫外线、红外线、负离子）等设备同时进行处理。

图8-5　使用蒸汽洗车机蒸汽消毒

需要注意的是，在进行蒸汽消毒处理时，在高温条件下水蒸发成气态，会进入车内仪表及其他忌水部件上，容易引起车内零件锈蚀、零部件失灵。对于电器部分，由于蒸汽的进入容易产生电解导电的可能，从而引发事故危害。同时，高温可能导致某些由高分子

化合物组成的车内饰物等加速老化和氧化。所以,掌握好蒸汽喷入量与蒸汽的温度是汽车蒸汽消毒方式处理非常重要的环节。

2. 臭氧消毒

臭氧(O_3)又称超氧,是氧气(O_2)的同素异形体,它是一种有特殊臭味的淡蓝色气体。其浓度达到 1 mg/L 以上时会刺激呼吸系统。用于消毒的臭氧浓度一般要求是 0.5~2.5 mg/L。臭氧发生器(或臭氧机)是制造臭氧的装置,如图 8-6 所示。臭氧发生器一般都有自动操控系统,进行室内空气消毒时要求全封闭无人作业,开机 30 min 后才会达到峰值浓度,人员有充足的时间离开。

图 8-6 臭氧发生器

臭氧有杀菌、消毒、净化空气等作用。臭氧分子极不稳定,能分解产生氧化能力极强的单原子氧和羟基,是独有的溶菌型制剂,可迅速融入细胞壁,破坏细菌、病毒等微生物的内部结构,对各种致病微生物有极强的杀灭能力,杀菌速度较快。

臭氧能与车内的有毒气体如 CO、NO、SO_2、芥子气等物质和有机物质发生化学反应,最终生成无害的氧气、水、氮气和二氧化碳等产物,剩余臭氧在常温下的半衰期为 20~50 min,数小时后全部分解,还原为氧气。

臭氧消毒产品使用方法简单,如图 8-7 所示,使用时,把臭氧消毒器插头插入电源插座内,电源指示灯亮后按下启动键即可,运行一段时间以后会自动停止工作。使用完毕,应及时拔掉电源插头。

经臭氧消毒后会在车厢内留有一点臭氧味,只需将车窗打开数分钟,臭氧味就会自动分解挥发掉。

图 8-7 将臭氧机接通电源运行 30 min 完成消毒

3. 光触媒消毒

光触媒即光催化剂,是光和触媒(催化剂)的合成词,是利用二氧化钛这类光的催化剂,见光产生正、负电子,其中正电子与空气中的水分结合,产生具有氧化分解能力的羟基自由基,而负电子则与空气中的氧结合成活性氧,两者都有强大的杀毒、杀菌能力,并对汽车车厢内常见的甲醛、氨、苯等有机化合物具有分解作用,同时还可以清除车厢内的浮游细菌。光触媒具有杀菌效率高、净化效率高、除臭效率高、亲水防雾功能强、对暗处的抗菌净化性能好、无毒无害、功效持久等优点,所以广泛应用于净化空气、除臭、杀菌等场所。如图 8-8 所示为汽车专用光触媒。

光触媒消毒方法的原理是,利用光触 图 8-8 汽车专用光触媒

媒专业喷漆枪将光触媒涂膜均匀地喷在车内,当阳光或光线与光触媒涂膜接触时发生化学反应,将车内的有害物质迅速分解为稳定无害的物质,以达到净化车内空气的作用。

光触媒消毒处理可强力分解臭源,有极强的防污、杀菌和除臭功能。

(1)光触媒消毒操作方法。光触媒消毒操作方法如图8-9所示。

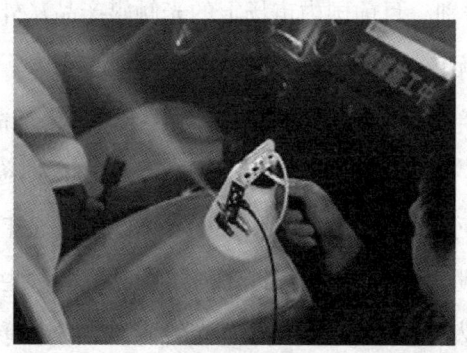

图8-9 光触媒消毒喷涂操作

操作前,在车内先用遮盖物将不需消毒的物品遮盖好,如:汽车内饰、音响、桃木、玻璃、镀件、精密仪器等。

1)喷涂距离一般为30~40 cm,以水平或垂直方式从左到右喷涂,不能斜向或倒立喷向施工面。

2)上下喷涂间距为5~6 cm。

3)应以1 m/s的速度进行均匀的纵横向喷涂。

4)如果出现误喷现象,应尽快用湿抹布擦拭干净。

5)光触媒是速干型产品,在阳光照射或日光灯照射和通风条件下,一般30 min可半干。如有需要可进行第二次喷涂。

6）喷涂用量按实际测量面积 10~15 mL/m²，成膜 0.5~1 μm 可达到较佳效果。

7）整理恢复：喷涂完毕后，清理好现场，恢复作业前原貌。施工完毕后半小时，打开车门，保持空气畅通及充足的光线照射。

8）完工后，进行最后验收。

(2) 光触媒产品的正确选用

1）感官辨别。目前国内市场上的光触媒产品从外观上主要分为两类：一类为无色透明液体；另一类为乳白色液体。在感官鉴别过程中，要注意产品是否有明显的酸、碱气味。如果产品有明显异味，则要谨慎购买。因为高品质的光触媒产品为无味水溶液，视觉上晶莹剔透，无任何悬浮物。对于乳白色光触媒，除气味鉴别外，还应观察其是否有明显的悬浮物和沉淀、分层现象。一些劣质光触媒在阳光照射后会发黑变质。由于劣质光触媒多出现在乳白色产品中，因此选择时应格外注意。

2）各种官方检测报告。目前，不仅国内没有完整的光触媒行业标准，即便在国际上也没有标准规范。作为光触媒技术先驱的日本，其行业标准也在拟定之中。因此，就现阶段而言，检验光触媒质量标准的依据主要为产品的二氧化钛纳米粒径报告、灭菌试验报告和化学污染物降解报告。消费者在决定购买之前，应在互联网上寻找相关厂家网站，查证产品是否具有权威认证部门出具的试验报告。

第9单元 汽车玻璃贴膜

在汽车车身中，车窗玻璃占了很大的一部分表面积。开阔的车窗可以保证驾驶安全，并给驾乘人员提供足够的视野。但在炎热的夏季，强烈的阳光会透过玻璃照射到汽车内室，从而使车内温度升高，加剧汽车内饰件的老化，甚至引起炫目，影响驾驶安全。因此，有必要对车窗玻璃进行贴膜处理。汽车玻璃膜又称汽车太阳膜，汽车玻璃贴膜宜在无尘环境中进行，如图 9-1 所示。

图 9-1　无尘汽车贴膜车间

模块1 汽车玻璃贴膜知识

一、玻璃膜的基本知识

1. 玻璃膜的作用

(1) 隔热降温。玻璃膜可以降低太阳光照射的强度，从而起到隔热效果，保持车厢凉爽，亦可降低汽车空调的负载，节省燃油。优质汽车玻璃膜的隔热率可达50%~70%。

(2) 防止爆裂。当汽车发生意外时，汽车玻璃膜可以防止玻璃爆裂飞散，避免事故中玻璃碎片对驾乘人员造成伤害，提高汽车的安全性。

(3) 保护皮肤。人体如长时间受紫外线照射，会对皮肤造成一定的伤害。而优质汽车玻璃膜具有一定的防紫外线功能，可有效地阻挡紫外线，对皮肤起到保护作用。

(4) 保护内饰件。车内椅垫和仪表板等内饰件长期受阳光暴晒会导致老化褪色，车窗覆膜后可有效阻挡阳光中对内饰件有伤害作用的红外线及紫外线，对汽车内饰具有较好的保护作用，如图9-2所示。

(5) 改变色调。各种颜色的汽车玻璃膜可以改变车窗玻璃的单一色调，给汽车增加美感，如图9-3所示。

(6) 单向透视。汽车玻璃膜的单向透视性可以遮挡来自车外的视线，确保车内乘员的私密性。

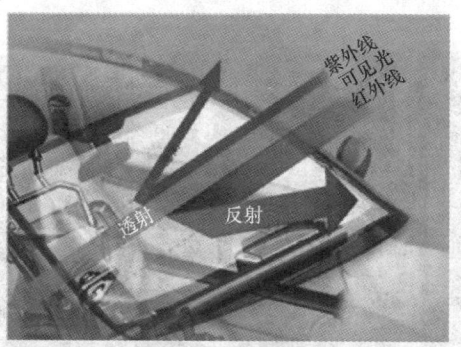

图 9-2　玻璃膜可反射紫外线、红外线

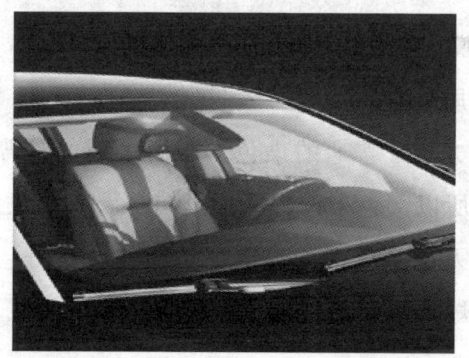

图 9-3　汽车贴膜后的亮丽效果

2. 玻璃膜的分类

（1）按颜色分类。玻璃膜按颜色不同有自然色、茶色、黑色、天蓝色、金墨色、浅绿色和变色等品种，如图 9-4 所示（注：可扫书后二维码看彩图）。

（2）按产地分类。按产地的不同可分为进口玻璃膜和国产玻璃膜。

（3）按质量和功能不同分类。根据玻璃膜的质量和功能不同可

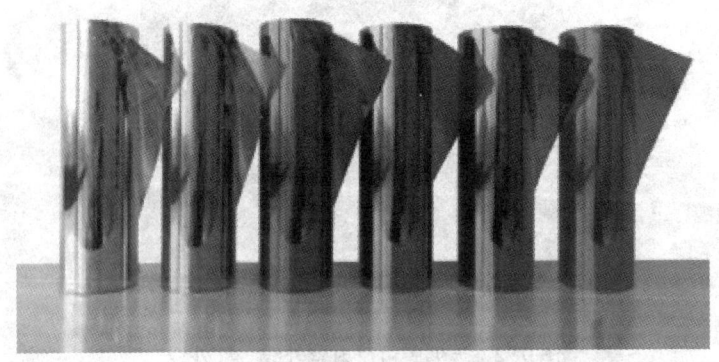

图 9-4 各种颜色的汽车玻璃膜

分为普通玻璃膜、防晒太阳膜和防爆隔热膜等。

3. 玻璃膜质量的鉴别

(1) 看透光率。普通的染色太阳膜采用的是普通染色工艺,靠颜色隔热,所以颜色很深,从车里向外看有雾蒙蒙的感觉;防爆隔热膜,则无论颜色深浅,透视性能均应良好,即使在夜间、雨天,贴了防爆隔热膜的玻璃也应能保持良好视线,以保证行车安全。

(2) 看颜色。普通玻璃膜和防晒太阳膜是将颜色直接融在胶膜中,撕掉上层塑料纸后,用力刮削粘贴面,会有颜色脱落现象,这种膜使用一两年就会褪色;防爆隔热膜是一种高科技产品,它采用金属溅射工艺,将镍、银、钛等金属涂于高张力的天然胶膜上,无论在贴膜过程中还是日后的使用过程中都不会出现掉色、褪色现象。

(3) 看气泡。撕开玻璃膜的塑料内衬后再重新合上,劣质玻璃膜会起泡,而优质玻璃膜合上后完好如初;若玻璃膜正常使用一段时间后出现起泡,则很有可能是劣质玻璃膜,如图9-5所示。

图9-5 起泡的劣质玻璃膜

(4)看手感。普通玻璃膜手感薄而脆,尖锐物体轻轻刮擦就会在膜上留下划痕;防爆隔热膜手感厚实平滑,好的防爆隔热膜表面经过硬化处理,不易产生划痕。

(5)试验鉴别

1)做掉色试验。剪下一小块玻璃膜,在比较粗糙的物体上摩擦或用汽车美容清洗剂搓擦,容易掉色的就是劣质汽车玻璃膜,而不掉色的就是优质玻璃膜。

2)做隔热性测试。对玻璃膜的隔热性只凭肉眼看和用手摸是很难鉴别的,可以通过隔热性测试这种简单的方法进行判别:在一个碘钨灯上放一块贴着不同玻璃膜的玻璃(注意,不要碰到碘钨灯的灯管,以防灯管爆炸),用手摸上去,基本感觉不到变热的是优质玻璃膜,而立即有烫手感觉的,则是隔热性较差的劣质玻璃膜。

4. 玻璃膜颜色的选择

在选择玻璃膜颜色时,应考虑以下三方面的因素:

(1) 要根据车主的性别、年龄及个人爱好来选择颜色。

(2) 要与汽车车身表面颜色合理搭配。目前汽车车身表面的颜色主要有白、黑、红、蓝、银等几种,一般情况下,浅色的车最好使用色泽鲜明的防爆隔热膜,这类玻璃膜大多透明度较高,且不会影响其隔热效果。挑选颜色时,应注意不能在阳光下看其深浅,而要将它放在车窗上,并把车门窗关好,再仔细查看。否则,看到的颜色可能与其实际颜色不尽相同。

(3) 玻璃膜应选用较浅的颜色。较浅的颜色,如绿色、天蓝色、灰色、棕色、自然色等,这些颜色看上去比较舒服,而且优质膜即使颜色较浅也不影响其隔热性能。

5. 前风窗玻璃膜的选择

前风窗玻璃是影响驾驶人视野的主要区域,为了不影响安全行车,前风窗玻璃膜的透光率必须大于70%,因此,前风窗玻璃必须选择反光度较低、色系较浅的玻璃膜。如果汽车前风窗玻璃斜度较大,在粘贴时必须注意尽量避免产生反射及波纹。

目前,市场上有一种完全无色的高档透明膜,尤其适合前风窗玻璃使用。这种膜也称白膜,其最大特点就是可以阻隔波长较短的红外线和紫外线,而对大部分可见光不加阻拦。所以,既不会对视野产生影响,又能起到隔热和保护作用。

二、玻璃膜的维护方法

当玻璃膜表面出现污渍时,很多人会习惯性地拿起玻璃清洁剂喷洒,并随便用抹布擦拭。殊不知,这些做法对防爆玻璃膜的使用寿命会造成很大的影响,因为防爆玻璃膜多半含有金属成分,化学清洁剂会和这些金属发生化学反应,从而导致玻璃膜褪色、变形、起泡;而使用粗糙的抹布擦拭则会刮伤玻璃膜,造成表面划痕。

一般情况下,如发现玻璃膜上沾有污渍,只需及时使用柔软的抹布蘸些温水轻轻地擦拭,玻璃膜上的指印、油痕及污渍就能被擦拭干净。

此外,在玻璃膜上最好不要粘贴饰物。很多人为了美观,将一些装饰物粘贴或通过吸盘吸附在玻璃膜上,这样都容易造成玻璃膜损坏与脱落。

模块2 汽车玻璃贴膜工具与工作液

一、玻璃贴膜工具

汽车玻璃贴膜施工时要用到很多工具,其中大部分是贴膜专用工具。这些专用工具都是针对玻璃贴膜和玻璃防损保护而专门设计的,能解决贴膜施工时遇到的各种问题。

按玻璃贴膜时的用途不同,这些工具分为保护工具、清洗工具、裁膜工具、热成型工具和排水工具。

1. 保护工具

保护工具包括防污保护膜、毛巾。

(1)防污保护膜(见图9-6)。其作用是防止施工时汽车内饰部件和车身被清洗液和安装液淋湿或被残留的施工液体所污染而留下污渍。

(2)毛巾。毛巾用来保护仪表台、仪表板、座椅及其他车内饰

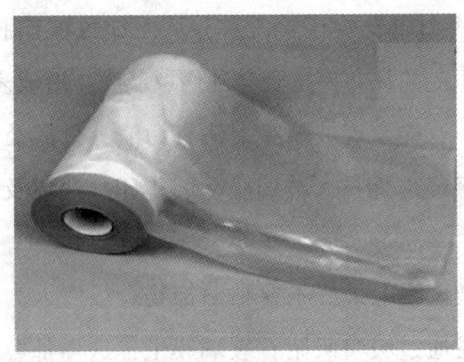

图9-6 防污保护膜

部件不被工具划伤,并吸收、擦拭施工残留下的清洗液和安装液等。

2. 清洗工具

清洗工具包括喷水壶、铲刀。

(1)喷水壶(见图9-7)。其作用是盛装玻璃清洗液和安装液,使用时能产生一定的压力,将液体喷出,还可以调节喷雾形状。

(2)铲刀(见图9-8)。其作用是清除玻璃上的顽固污渍和残留的粘贴物。

图9-7 喷水壶

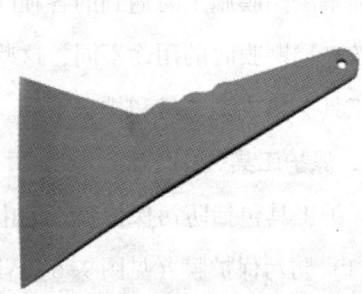

图9-8 铲刀

3. 裁膜工具

裁膜工具包括裁膜刀、测量尺、裁膜工作台。

(1) 裁膜刀(见图9-9)。其作用是用来裁切玻璃膜与修饰玻璃膜形状。玻璃膜的裁切通常是在车窗玻璃上直接进行的,为了精确地裁出玻璃窗膜,同时又不划伤玻璃,需要操作者有一定的裁切技能。

(2) 测量尺。其作用是用来测量车窗和玻璃膜的尺寸,便于粗裁玻璃膜。

(3) 裁膜工作台(见图9-10)。其作用是用来摆放玻璃膜和作为粗裁玻璃膜时的操作台。裁膜工作台的操作平面应平滑但不能过硬。

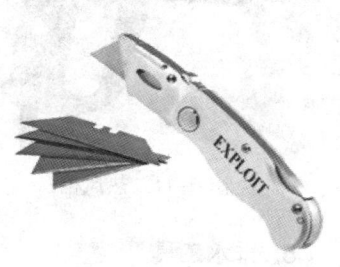

图9-9 裁膜刀

图9-10 裁膜工作台

4. 热成型工具

热成型工具包括热风枪、大号塑料刮板。

(1) 热风枪(见图9-11)。其作用是加热玻璃膜,使其收缩变形达到与玻璃相一致并相贴合的形状。还可以加热玻璃上原有的粘贴物,以便于取下。

(2)大号塑料刮板(见图 9-12)。其作用是刮平玻璃膜,帮助玻璃膜加热收缩后辅助成型,给玻璃膜排水,清洁玻璃。

图 9-11　热风枪

图 9-12　大号塑料刮板

5. 排水工具

排水工具包括橡胶刮板、小号塑料刮板。

(1)橡胶刮板(见图 9-13)。其作用是刮平玻璃膜,可以在玻璃膜成型时使用,也可以在贴膜排水时使用。

(2)小号塑料刮板。小号塑料刮板(见图 9-14)又称挤水板,其作用是在贴玻璃膜时,辅助玻璃膜插入密封条内,彻底排水、挤水。

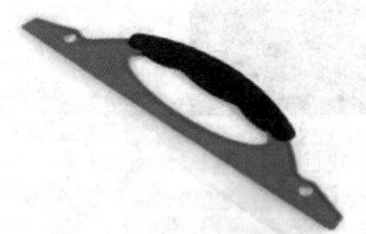

图 9-13　橡胶刮板

图 9-14　小号塑料刮板

二、玻璃贴膜工作液

玻璃贴膜工作液包括玻璃贴膜清洗液和玻璃贴膜安装液，分别用于玻璃贴膜施工时的清洗和安装。使用优质的玻璃贴膜清洗液和玻璃贴膜安装液可以保证玻璃贴膜施工的安装质量。

1. 玻璃贴膜清洗液

玻璃贴膜清洗液如图 9-15 所示。玻璃贴膜清洗液可用于清除汽车玻璃表面黏附的油脂、灰尘、指印和顽渍，还可以方便地去除玻璃上残留的旧玻璃贴膜安装液，是一种快速清洁液。此种清洗液采用环保水基配方，对人体无刺激性伤害，不易燃，不含硅和蜡成分，对皮革件、塑胶件不产生影响与破坏。

2. 玻璃贴膜安装液

玻璃贴膜安装液如图 9-16 所示。安装液又称"贴膜宝"，用于方便安装与固定玻璃贴膜。玻璃贴膜安装液喷敷在玻璃保护膜的安装胶上会使玻璃膜临时失去黏性，允许玻璃膜在干净的玻璃表面平

图 9-15　玻璃贴膜清洗液

图 9-16　玻璃贴膜安装液

稳地滑动、定位。玻璃贴膜安装液还有一定的胶黏性，可以粘贴玻璃膜，使之更牢固地固定。

模块3 汽车玻璃贴膜工艺

一、玻璃贴膜流程

1. 贴膜前的准备工作

（1）环境准备。为确保玻璃贴膜粘贴质量和效果，整个贴膜操作的车间要做到封闭无尘，如果有灰尘或者杂物粘在玻璃与膜之间，只能返工，所以无尘车间是玻璃贴膜项目的必备条件。

（2）工具准备。贴膜前应准备好喷水壶、铲刀、裁膜刀、裁膜工作台、玻璃贴膜清洗液、玻璃贴膜安装液、小大号塑料刮板、橡胶刮板、热风枪以及放置以上工具的围裙。

（3）使用防污保护膜做好车内防护

防止施工时汽车内饰部件和车身可能被清除下的污物、贴膜清洗液和安装液污染，如图9-17所示。

2. 贴膜前玻璃的清洁

（1）清洗玻璃。将玻璃清洗干净是贴膜的首要步骤，也是整个过程中最重要的一步，玻璃清洁与否将直接影响到覆膜的质量。清洁时宜使用专用玻璃贴膜清洗液对玻璃及其边缘反复清洗，如图9-18所示。

（2）用辅助器具擦干水。用刮板刮干玻璃，如图9-19所示，操作时应按照从玻璃干的一边刮向湿的一边，从上到下，再到底边的

第9单元　汽车玻璃贴膜

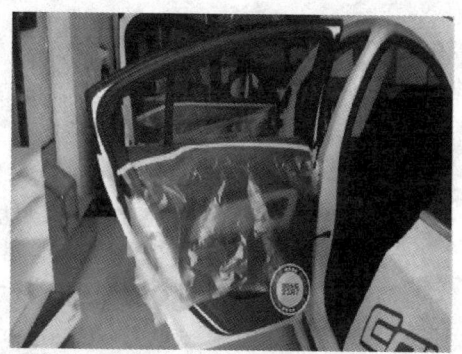

图 9-17　粘贴防污保护膜

图 9-18　用喷水壶喷洒玻璃清洗液

顺序,最后用不起毛的布擦干边缘。

3. 玻璃膜裁剪下料

(1) 玻璃膜的大小要与玻璃相匹配,粘贴前应先按玻璃的实际尺寸将玻璃膜裁剪好。

(2) 裁剪时要先准备各车型玻璃样板,样板的制作方法是:将清洁的玻璃表面洒一层水,将适当厚度的塑料薄膜吸附在玻璃上,如图 9-20 所示,然后,根据边缘线的形状划出玻璃样板,样板要比划线超出 3~5 mm。

图 9-19 用刮板刮干玻璃

图 9-20 将适当厚度的塑料薄膜吸附在玻璃上

注意，在一般情况下，玻璃膜的裁剪有纵向裁剪和横向裁剪两种。如遇需要对玻璃膜进行烘烤的作业，应采用纵向裁剪的方法，因为玻璃膜的纵向收缩率要比横向大得多。

4. 玻璃膜定型

粘贴玻璃膜前，对有一定弧度的前风窗玻璃膜必须先进行定型处理。处理方法是将裁剪好的玻璃膜覆盖在玻璃的外侧，用热风枪对准要求定型的弧度部位，边加热边用刮板将玻璃膜紧贴在玻璃上，如图 9-21 所示。玻璃膜定型的手法要求"高温高速",即在不使玻璃受损(如爆裂等)的情况下将热风枪的温控开关调至高挡,风速开关也调至高速挡。

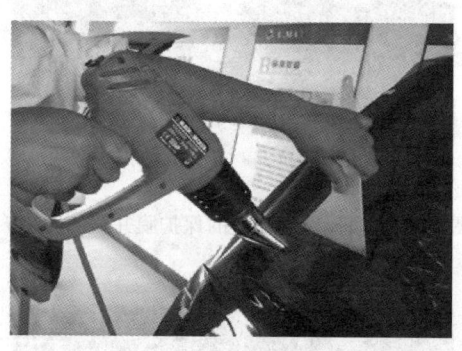

图 9-21　边加热边用刮板将玻璃膜定型

5. 玻璃膜粘贴

(1)将定型后的玻璃膜粘贴在玻璃内侧。粘贴时,先撕掉玻璃膜上的保护膜,同时用玻璃贴膜安装液喷湿胶面和玻璃,如图 9-22 所示,这样可以减少玻璃膜上胶的黏性,并容易去掉因静电而吸附的附着物。当保护膜完全揭下后,胶的表面仍应是湿的,此时可将玻璃膜完全贴到玻璃上,左右滑动,使其不碰车边框。

(2)往玻璃膜的背面稍微喷一点清水,按从中心刮向边缘,从上到下再到底边的顺序用刮板刮膜,这样能使水分从车框边排出,如图 9-23 所示。

全部刮完后,再用更优质、细腻的刮板重复刮一遍,就可清除残余微量水分、空气并使玻璃膜贴得更加牢固,如图 9-24 所示,最后,用毛巾擦干玻璃边缘的水分和小杂质。

注意,在粘贴过程中不能用尖锐物体碰撞玻璃膜面,也不能上

图 9-22　撕掉玻璃膜上的保护膜并喷洒安装液

图 9-23　用刮板反复刮膜把水分排出

下摇动玻璃。

（3）为保证玻璃膜的粘贴质量，在进行贴膜操作时，应遵循由下往上粘贴的原则。

（4）如发现有气泡或指纹，可用辅助工具再由内至外将气泡刮掉，并将指纹擦除。

6. 玻璃膜粘贴质量检查

（1）检查粘贴是否牢固，特别对于边角部位更要仔细检查。

图 9-24 用细腻的刮板精细排水、排气

(2) 检查玻璃膜与玻璃之间有无气泡。

(3) 检查整张玻璃膜有无褶皱。

(4) 检查玻璃膜表面有无刮痕,如发现问题应立即返工。

7. 粘贴后玻璃膜的干燥

玻璃膜粘贴用的是压敏胶,刚粘贴上去时的黏度不大,随着时间的推移,玻璃膜与玻璃的黏合度会逐渐增大,因此,建议汽车贴上玻璃膜后 3 天之内不要升降车窗,待玻璃与玻璃膜之间的水分全部蒸发完毕,玻璃膜就会牢固地粘贴在车窗玻璃上了。

使用不同的玻璃膜及在不同的天气情况下进行贴膜操作,装贴后的干燥速度也不尽相同,快则 2 天,慢则需要 10 天左右。在某些气候下,玻璃膜与玻璃之间还可能会出现雾状或水珠状的斑点,不过这是正常现象,随着时间的推移它就会慢慢消失。

二、玻璃贴膜工艺

1. 热成型工艺

(1) 热风枪的使用。热风枪上有两个挡位用来调节加热速度快慢,还有一个温度调节旋钮,可以设定和调节烘烤温度的高低。在烤膜时,一般把温度调节到400℃左右。

有的热风枪上还装有温度显示屏,能够显示热风枪出口处的即时温度,便于操作者及时调整,如图9-25所示。

图9-25 热风枪温度调节与显示装置

(2)湿烤定型。需要热定型的玻璃膜在裁切时一定要竖裁,即玻璃的横向与膜的卷曲方向一致,如图9-26所示,定型时将玻璃膜的保护膜朝外,铺于曲面玻璃的外侧,在玻璃膜和玻璃之间洒上安装液,用刮板将形成的褶皱调整成竖向的。采用温度可调的热风枪对玻璃膜进行加热,一边加热一边用塑料刮刀挤压玻璃膜上的气泡和水,使其收缩变形,直至与玻璃的曲面完全吻合。

注意,裁膜方向与褶皱调整方向要正确,否则玻璃膜不会收缩。加热要均匀,不要过分集中,温度太高有可能造成玻璃开裂。

湿烤定型过程必须注意的问题:当使用湿烤法的时候,由于玻璃膜和玻璃之间存在水分,玻璃膜的温度无法高过100℃。只有当水分完全蒸发后,玻璃膜被加热区域的温度升至热风枪的加热温度时,

图 9-26　玻璃横向与膜卷曲方向一致

玻璃膜才会收缩。这样,当玻璃膜的下面存在少量水滴时就会出现不均匀收缩现象,极易形成褶皱。另外,湿烤法操作时间长,效率低,而且局部的集中加热容易导致玻璃破碎。

2. 刮水和挤水工艺

(1) 刮水。先将清洗液喷洒在玻璃上,然后再将清洗液刮干净。

刮水的目的在于通过去除玻璃表面的污渍,起到清洁玻璃的作用。刮水工具为带有软胶条的刮水板,如图 9-27 所示,它的胶条柔软平整且光滑,可以贴合玻璃表面,方便清洁黑色釉点区域、去雾

图 9-27　用软胶条刮水板清洁玻璃

线及其他表面凹凸区域,即使有杂质颗粒,也不会划伤玻璃表面。

(2)挤水。挤水的目的在于通过去除玻璃膜下面的液体达到缩短干燥期,提高黏结强度的效果。所以挤水工具一般为坚韧、锋利、有弹性的挤水板,如图 9-28 所示,它能最大限度地挤去玻璃膜下多余的液体,提高工作效率。

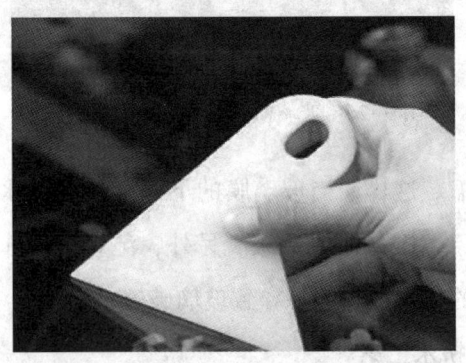

图 9-28　挤水用坚韧锋利有弹性的挤水板

刮水、挤水作业的次序应相同,但要注意用力方向:刮水板的用力方式为"拖",挤水板的用力方式为"推",刮水和挤水次序和路径要重叠有序地进行。

三、典型玻璃膜的粘贴技术

1. 侧窗玻璃膜的粘贴技术

(1)内饰和外部的保护。汽车内饰的保护尤为重要,否则清洗玻璃的溶剂会脏污内饰,并渗进车的电子、电器系统而导致电子元件损坏甚至局部短路,所以在进行贴膜施工时必须做好对汽车内饰的保护。具体方法是用保护膜或较厚的大毛巾遮盖在仪表台、仪表板、车门内饰板和后置物台上,并对车内座椅、转向盘等做好适当防护,如图 9-29 所示。

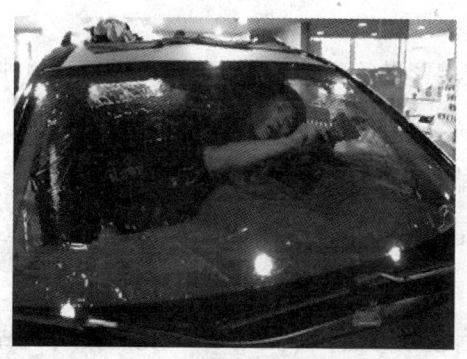

图 9-29　用大毛巾遮盖仪表台防脏污

另外,车身的外部也需要适当的防护,以免刮伤、弄脏漆面,如图 9-30 所示。

图 9-30　做好车身外部防护

(2)粗裁膜。先测量玻璃尺寸。接着,粗裁侧窗玻璃膜尺寸,要注意侧窗顶部玻璃膜尺寸要大于侧窗玻璃边缘尺寸 5 cm,左右两边要大于侧窗玻璃边缘尺寸 1 cm,底部在裁膜时预留 1~2 cm。

注意，确定侧窗玻璃膜是采用湿烤工艺定型玻璃膜时，裁膜一定要选择竖裁。

(3) 清洁

1) 侧窗玻璃密封条清洁。侧窗玻璃密封条有两种类型：胶边和毛边。

胶边的两种清洁方法：一是用吹气风枪吹出藏于密封槽内的沙粒、杂物；二是向密封槽内喷洒适量的清洁水，用直柄小塑料刮板直接清理内槽，直至把密封槽内的污物清理干净。

毛边的两种清洁方法：一是用 2 cm 宽的美纹纸贴住密封槽边上的内毡毛进行清洁；二是将喷壶嘴调至最小出水量，喷洒少量清洁水在内毡毛上，直至把密封内毡毛清理干净。

2) 侧窗玻璃外侧的清洁。在外侧玻璃上喷洒清洗液，用手左右滑动触摸几遍。因为人手的敏感度较高，能感触到稍大的尘粒。然后用干净的擦蜡纸清除污物，遇到黏附较牢的污垢可用铲刀清除。

(4) 定型和修边。除个别车款，侧窗玻璃膜基本上不需要加热预定型，可直接覆在玻璃外侧上压刮定型。在定型时应将玻璃膜平铺于玻璃外表面，保护膜朝外。

注意，玻璃膜边缘要平行于外部底边压条，并确保有足够余量（3~6 mm）低于车内压条。

在侧窗上切玻璃膜时，换上崭新刀片，在一条边的角部将刀片的头部刺入玻璃膜，刀片顶端靠住现成边框，利用窗框或胶条作引导进行裁切，如图 9-31 所示。

下部裁切完成后，将膜滑动到适合的位置，使用硬片挤水工具，在玻璃膜上挤刮几下固定住整个膜，小心地将膜从底部揭起，然后

图 9-31 利用窗框或胶条引导裁切

降下车窗玻璃,露出车窗玻璃顶部,利用玻璃的边缘进行顶边和左右侧边裁切。玻璃膜裁切完成后,视需要将其转移到裁膜工作台案板上,进行最后的修边。

(5)清洁玻璃内侧。玻璃的内侧面为贴膜面,清洁一定要彻底,应按下列要求反复清洁:先对车厢内部空间喷洒细微的水雾,使空气中的尘埃沉聚下来,减少座椅和地板扬尘;在玻璃上喷洒清洗液,用软刮板按从上到下、从左到右的顺序反复刮洗,如图 9-32 所示,

图 9-32 用软刮板按顺序反复刮洗

然后用手左右滑动触摸几遍，检查和剔除稍大的尘粒，对于黏附得较牢的污垢和撕下粘贴物的残胶可用铲刀清除；在刮洗时应用硬质的直柄小号塑料刮板自上而下，由中间向两边清除玻璃上的灰尘，每刮扫一次必须用干净的擦蜡纸去除刮板上的污物；最后用刮板刮除积水，确认玻璃已十分光滑干净、达到"一尘不染"时才可转入贴膜。

注意，整幅玻璃每刮扫一遍，要喷洒一次清洗液。

（6）剥离保护膜。在玻璃内表面清洗完成后，可进行剥离玻璃保护膜的工作。

将玻璃膜的保护膜撕开，用安装液喷洒在暴露的胶层上。这样，胶层会暂时失去黏性，使玻璃膜在下一程序（玻璃膜的铺贴）中，可在干净的玻璃内表面平稳地滑动，如图9-33所示。喷上安装液以后，再将保护膜贴到玻璃膜上（过程中要注意防止沾染灰尘和杂物），为玻璃膜的铺贴做好准备。

图9-33　喷上安装液的玻璃膜可平稳滑动

（7）玻璃膜的铺贴。侧窗玻璃从防水性能方面可分为两种：

防水玻璃（奔驰、宝马等中高档车玻璃）和不防水玻璃（多数普通车玻璃）。贴膜时，由于防水玻璃在喷水后水珠不会附着，水流失快，故宜采用由下端向上端的贴法（原因是下端积聚水分较多，利于膜的移动）。不防水玻璃由于喷水后水珠附着，水分流失少，故通常采用由上端向下端的贴法，这种贴法的优点是能有效避免沙粒粘到膜上。玻璃膜铺贴作业多数采用由上至下的贴法。

铺贴玻璃膜时，先在玻璃内表面喷洒安装液，撕掉保护膜，将玻璃膜整个揭起，尽量准确地将其安放在玻璃内侧并滑动到合适的位置，如图9-34所示。

图9-34　推动玻璃膜到合适的位置

（8）排水。在每片玻璃膜安放到最终位置后，应立即在玻璃膜表面再次喷洒安装液，以润滑需要粘贴保护膜的表面，同时把保护膜粘贴到玻璃膜的背面。而后使用专用的挤水工具排除所有气泡和尽可能多的安装液，如图9-35所示。几天后残留的水分会慢慢地透过玻璃膜蒸发，玻璃膜干燥的时间受气候、湿度、玻璃膜的结构和挤水后残留水分的多少影响。

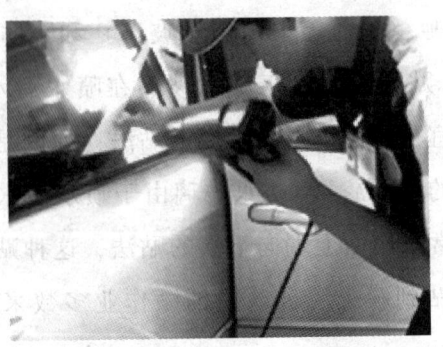

图 9-35 用挤水工具排除气泡和安装液

(9) 最后清洁和检查。当安装工作完成后,应仔细地擦洗一遍所有侧窗玻璃,以去除条纹水迹和污迹,使汽车呈现光亮的外观。如发现玻璃膜与玻璃之间夹杂有气泡或微小的杂物可使用专用硬质挤水板沿某一边缘将其刮除。

(10) 完工与验收

把汽车擦净后驶到室外,进行最后的视觉检查。在日光下检查玻璃膜,确认没有任何缺陷后,提交汽车给客户,并向客户解释质量保证程序和基本的保养与维护说明。

侧窗玻璃膜的验收标准如下:

1) 每块玻璃两侧应无明显的"漏光"现象。

2) 驾驶座两侧的玻璃膜应先整张贴装,在贴装后从驾驶座看两侧后视镜应无影响视线的感觉;如玻璃膜影响了后视镜视野应采取挖孔处理,在处理时应做好精裁工作,务必使玻璃膜边缘线平滑。

3) 侧窗玻璃膜的上线应与玻璃的上边缘保持基本平行,刀线应平滑、整齐。

4）侧窗玻璃膜应平整、光滑、透亮，如图9-36所示，应无沙粒夹在玻璃与玻璃膜之间，应无气泡，无褶皱。

图9-36　侧窗玻璃膜应平整、光滑、透亮

2. 前、后风窗玻璃膜的粘贴技术与验收标准

（1）前、后风窗玻璃膜的粘贴

前、后风窗玻璃的贴膜基本流程与侧窗玻璃的贴膜一样，只是由于几乎所有前、后风窗玻璃都有一定的球面弯曲弧度，在贴膜时易产生褶皱。所以贴膜时的技术难点就是热成型，也就是说将平面的玻璃膜通过加热定型的方法加工成与玻璃表面形状一致，才能进行整张粘贴。

若汽车前、后风窗玻璃球面弧度较大，在对玻璃膜进行热成型时，首先要保证玻璃膜的质量良好，贴膜施工人员的技术要过硬。有时还需要进行多次热成型，才能使膜与玻璃的形状一致，如图9-37所示。

（2）黑色釉点区域的处理。在进行贴膜工作时，对风窗玻璃内侧的黑色陶瓷釉点区域需要进行特殊处理。这是因为在安装过程中，

图 9-37　前风窗玻璃膜在车上热成型

随着安装液的蒸发，玻璃膜在黑色釉点区域会出现白边的现象，这是由于胶脱离了膜层造成的。为了避免这种现象，可以先使玻璃膜干燥约 1 h 后，再用尼龙擦包裹硬挤水板，然后再包上一层纸巾，均匀有力地挤压黑色釉点区域的玻璃膜。

(3) 前风窗玻璃贴膜的验收标准。前风窗玻璃是车辆最主要的视窗，贴玻璃膜操作的水平高低及专用玻璃膜品质的优劣将直接影响到驾乘人员的视线及驾驶安全，所以要认真检查验收。

1) 前风窗玻璃膜要整张贴装，不能拼接。

2) 前风窗玻璃膜应平整、光滑、透亮，如图 9-38 所示，整张玻璃膜不能有气泡、褶皱。

3) 玻璃膜与玻璃间的水、气泡必须刮除干净。

4) 坐在驾驶位，透过前风窗玻璃看车外的景物时不应有模糊、色差等现象。

5) 从车外侧观察前风窗玻璃，不应有强反光现象。

6) 玻璃膜的边缘应粘贴完好，无起边现象。

图 9-38　前风窗玻璃膜应平整、光滑、透亮

7) 玻璃膜的边缘线与玻璃上的黑色釉点区域粘贴应平滑, 无明显凹凸不平的感觉。

(4) 后风窗玻璃贴膜的验收标准

1) 在有金属加热线及天线夹在玻璃内侧的情况下, 不得整张粘贴, 必须拼贴, 以免长时间加热影响其使用寿命。

2) 拼接时, 刀法必须精确, 不得出现两次以上未对齐现象。

3) 最下沿不得有残留水分夹在玻璃膜与玻璃之间。

4) 后风窗玻璃整张贴膜不得有沙点及气泡存在。

四、玻璃贴膜工艺注意事项

1. 玻璃贴膜施工注意事项

在进行贴膜施工时, 受到外部施工环境、施工人员技术、使用的工具以及使用的玻璃膜质量等因素影响, 可能会出现各种问题, 如常见的沙粒与夹入杂物问题、褶皱问题、收缩不够或过度收缩问题、边缘修剪不齐及未修圆角问题等。为减少或防止以上问题的发生, 在施工作业时应注意:

(1) 防止沙粒与杂物夹入

1) 施工时不宜直接使用未经过滤或沉淀的自来水进行贴膜,因为自来水里有许多杂质或沙粒,而且有时更换水管管路也会影响水质。即使使用专用清洗液,也应保证清洗液的洁净。

2) 有的贴膜场所没有密闭车间,更有甚者直接在路边施工,环境中的扬尘和杂物都会使玻璃膜吸附灰尘,使之夹入沙粒与杂物。因此,不能在没有密闭的车间进行贴玻璃膜作业。

3) 穿戴合适的工作服和手套。在撕开玻璃膜保护膜时会产生大量静电,如果施工人员所穿的衣服是毛料或是粘有棉絮灰尘的衣服,衣服上的毛料或棉絮等杂质会被静电吸附到玻璃膜上。同理,贴玻璃膜时也禁止戴线手套施工。

4) 裁剪好的玻璃膜放置于汽车脚垫上、座椅上、发动机舱盖上及车顶上,会造成玻璃膜双面脏污,此时因静电关系在撕开玻璃膜保护膜时,会将附着在外表的灰尘吸至玻璃膜安装胶上。因此,在未撕开玻璃膜保护膜时,必须在玻璃膜两面喷一些水,以有效防止灰尘进入膜内。当然,最好是将裁好的玻璃膜放到裁膜工作台案板上操作。

5) 防止空调风速过大。夏天在车内高温下贴玻璃膜时,一般需要打开空调贴膜,但在撕开玻璃膜保护膜时空调风速应调到最低;否则车内会产生扬尘,灰尘附着在玻璃膜安装胶上,就会出现沙粒问题。

6) 避免玻璃清洁方法不当。车窗边缘或底部刮水板无法完全到达的部位必须用清水清洁。若用毛巾清理时,必须使用专用无纺布毛巾才能防止灰尘进入。

7)避免玻璃膜排水不正确。玻璃膜贴上去后下一步操作就是排水。水可以由上往下赶、由右往左赶或由左往右赶,但不可将大量水由下往上赶,也不可一次性将水完全赶出,以免水分倒流带动沙粒进入,从而出现沙粒问题。

(2)防止褶皱

1)避免热成型过度。使用热风枪对玻璃膜进行热定型时,因热风枪的温度过高、距离过近、移动速度太慢等原因而发生热成型过度,导致玻璃膜被烤焦,起褶皱。

2)排水手法正确。玻璃膜贴上玻璃后,排水工艺很重要。若排水工具、排水方向、排水手法不正确,则会使玻璃膜打褶,如图9-39所示。

图9-39 玻璃膜排水工具、方向和手法均应正确

3)剥离玻璃保护膜或铺贴玻璃膜时不小心,也会造成玻璃膜打褶。

(3)防止收缩不够或过度收缩。玻璃膜粘贴后是否出现收缩不够或过度收缩是贴膜技术好坏的综合体现。要防止玻璃膜不够收缩或过度收缩要注意两个问题:一是要使用优质的热风枪、优质的玻璃膜；二是要把控好湿烤工艺。有关湿烤工艺的内容详见本模块"玻璃贴膜工艺"。在作业时应注意调节好热风枪的温度、控制好热风枪与玻璃膜的距离、控制好热风枪在湿烤过程中的移动速度以及小号塑料刮板的刮、挤、压配合，如图9-40所示。

图9-40 控制好热风枪、玻璃膜、刮板的关系

（4）防止玻璃膜边缘修剪不齐、未修圆角。

1）裁膜时心要细，裁膜刀下刀要稳，下刀方向要正确。

2）裁膜刀要及时换新，避免因刀钝撕扯玻璃膜。

3）裁、修玻璃膜圆角时，裁膜刀的使用要细致、稳定。

2. 玻璃膜使用注意事项

因为玻璃膜的干燥与稳定需要一段时间，所以使用玻璃膜的早期还应特别注意以下问题：

（1）汽车贴完膜后，3天内要避免升降车窗，为的是保证玻璃膜彻底黏附在玻璃上。可以在玻璃升降的按钮上贴上封条，防止误操作。

（2）3天内不要洗车。

（3）3天内，有天窗的车辆在行驶中，尤其是高速行驶中不要开天窗。

（4）防止划刮、吸挂。尽量避免硬物对玻璃膜造成损伤，尽量少用吸附类的玩具或者遮阳板吸附在玻璃膜上。

（5）冬季贴膜后，一个星期内不要升降车窗，也不要洗车。前、后风窗玻璃甚至需要一个月左右才能干透，白天前风窗玻璃要朝着太阳方向晒。特别注意的是后风窗玻璃的加热线一个月内不能打开使用，因为冬季贴膜后如果打开加热线会在加热线附近产生气泡，这将无法修复，造成不必要的损失和麻烦。

（6）如果出现玻璃膜边缘附近起气泡的情况，应在 24 h 内到施工点进行修复，若超过 24 h 再进行处理，就会因气泡周边的胶已干透，玻璃膜周边不能移动，处理时会产生折痕。

（7）贴膜后一个月内禁用强黏性标签直接贴在玻璃膜上，以免造成玻璃膜局部脱离玻璃。

第10单元 汽车底盘装甲

汽车底盘装甲的学名是汽车底盘防撞防锈隔音涂层,是一种高科技的黏附性橡胶沥青涂层,如图10-1所示。它具有无毒、高遮盖率、高附着性的特点,可喷涂在车辆底盘、轮毂、油箱、汽车下围板、行李舱等暴露部位,快速干燥后形成一层牢固的弹性保护层,可防止飞石和沙砾的撞击,避免潮气、酸雨、盐分等对车辆底盘金属的侵蚀,防止底盘腐蚀和锈蚀,保障行车安全,同时弹性保护层能够减轻驾驶时道路和轮胎摩擦产生的噪声,提高舒适度。

图10-1 装甲后的汽车底盘

模块1 汽车底盘装甲简介

一、汽车底盘装甲的意义

俗话说"烂车先烂底",由于汽车底盘终年不见阳光,腐蚀和损坏的隐患很大,如图10-2所示。现在汽车的底盘都很低,在行驶过程中底盘易被飞溅起来的沙石不停撞击;在凹凸不平的路面行驶,汽车底盘还可能拖底;雨雪天汽车底盘易黏结泥块,导致锈蚀;雪后道路上布满具有极强腐蚀性的融雪剂,更是对汽车底盘造成较严重的侵蚀,这些都会大大缩短车辆的使用寿命。

图10-2 汽车底盘严重腐蚀和损坏

现在很多汽车在新车出厂时,也只给汽车底盘喷涂一层薄薄的底盘涂料(有些是PVC材料),有的车甚至连这样的涂料也只是简单的局部喷涂,把大部分底盘防锈漆和镀锌层暴露在外。在日常行驶的环境中,这样的简单漆面处理是基本不起作用的,所以给我们的爱车"穿"一件底盘装甲是非常必要的。

通常人们理解底盘封塑就是底盘装甲，实际上两者是存在差别的。

汽车底盘封塑主要是保护汽车底盘裸露的钢板，防止沙石击打、防腐。汽车底盘装甲则是将一种特殊的弹性胶质材料喷涂在汽车底盘上，将底盘下部及轮毂几乎所有部位完全包裹起来，待其自然固结便形成底盘保护层。汽车底盘装甲可以有效地降低沙石撞击造成的损伤，防止腐蚀和锈蚀；底盘装甲除具有封塑的功能外，还有隔音降噪的作用，其在底盘上会形成将近 5 mm 厚的橡胶和聚酯材料混合涂层，这种涂层具有高弹性，能有效降低沙石直接打在金属上所发出的噪声。

上述两者除了功能不同外，施工厚度和物理成分也有不同。普通封塑的施工厚度为 2 mm，主要成分是聚酯材料；而底盘装甲为橡胶和聚酯材料混合配方，施工厚度为 4 mm，局部 5 mm 以上。

二、汽车底盘装甲的优点

1. 阻隔环境中有害物质影响

夏季里地表的烘烤、酸雨的侵蚀、大气的潮气，冬季除雪剂的腐蚀等都会侵蚀车底。底盘装甲可有效防止汽车生锈，预防提前老化，即使在沿海城市温暖潮湿的气候下，面对高温、高盐、高湿环境，也不会轻易令汽车底盘腐蚀。

2. 防御沙石撞击

当汽车在路况不好的路面上行驶时，飞溅的沙石会不断撞击汽车底盘与轮毂等部位。底盘装甲可以保护汽车底盘原有的防锈漆和镀锌层，使其在行驶过程中免受沙石的直接撞击而使金属裸露。

3. 利于行车安全

受损的汽车底盘可能会导致底盘的一些零件变形，特别是悬架系统、上下摆臂、左右方向拉杆等更容易发生变形；一些剐碰同样会引起变速器壳、发动机油底壳或油箱底等开裂、渗漏。这些开裂、变形和渗漏不容易被检测到，但会严重影响到行车安全，而进行了底盘装甲处理之后，底盘不易受损，安全就有了保障。

4. 为车辆保值

通常新车使用三年左右底盘就会发生锈蚀。而与之相对应的是车辆保养越好，价值越高。经过一段时间的行驶之后，经过底盘装甲处理后的车辆可以保有更高的价值。

5. 降低车内噪声

由于底盘装甲采用具有弹性的材质对底盘进行密封处理，大大提高了车厢底部的密封性，从而降低了行驶过程中车辆轮胎、底盘和路面噪声对车内的影响。

6. 防止底盘拖底

底部装甲材料的厚度可达 4 mm 且有一定的塑性，当车辆底部被路面突起物剐蹭时，底盘装甲可减轻突起物对底盘的伤害。

模块 2　汽车底盘装甲施工工具、设备及用品

一、汽车底盘装甲施工工具与设备

汽车底盘装甲施工需要的主要工具与设备有举升机、打气设备

和喷漆枪等。

1. 举升机

汽车底盘装甲一般采用两柱举升机，如图10-3所示。其优点：一是拆装部件方便；二是施工作业空间大。

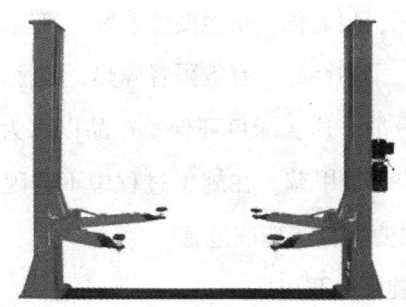

图10-3　两柱举升机

2. 空气压缩机

空气压缩机（见图10-4）的作用有两个：一是为底盘清洗后吹干提供气源；二是为喷涂提供气源。施工气压为0.35~0.55 MPa。

3. 喷涂喷漆枪

喷涂喷漆枪（见图10-5）是汽车底盘喷涂的专用工具，安装时拧紧上端盖，防止泄漏。

图10-4　空气压缩机

图10-5　喷涂喷漆枪

二、汽车底盘装甲用品

1. 汽车底盘装甲用品的要求

（1）耐水解，具有优异的防锈、耐腐蚀性能。

（2）附着力强，耐老化，耐温变性能好，遮盖力强。

（3）高弹性，柔韧性好，有效隔音隔热，抗撞击性能强。

（4）以水为分散介质，绿色环保。产品以水为分散介质，低有机挥发物，无甲苯、二甲苯。在施工过程中不会因有毒害的有机物挥发，对施工人员身体健康造成危害。

2. 汽车底盘装甲主要用品

底盘装甲产品到目前为止已经发展到了第四代。第一代产品为"单分子溶剂漆"，包括沥青型、橡胶型、油漆型三种，常用的有单分子底盘防锈胶；第二代产品为"合成溶剂漆"，常用的有合成底盘防锈胶；第三代为"高分子水溶性漆"，常用的有高分子水溶性底盘防锈胶；第四代为"复合高分子树脂漆"，常用的有复合高分子树脂底盘防锈胶。这四代底盘装甲产品档次逐渐提高，可以根据车辆不同档次选用。

（1）单分子底盘防锈胶。单分子底盘防锈胶是早期的防锈产品，又称沥青底盘防锈胶，其内部主要成分是沥青、橡胶或油漆。质量较差，在溶剂沥青、橡胶或油漆干固后会产生龟裂、裂缝。藏在裂缝里的水会造成"电池效应"，使汽车底盘的锈蚀更加厉害，对汽车底盘的危害会更大，建议慎用。

（2）合成底盘防锈胶。合成底盘防锈胶（见图10-6）属于油性溶剂胶，又称油性底盘防锈胶，这类产品中含有对人体有毒、有害的物质（用作稀释剂的溶剂，如甲苯、二甲苯等），会破坏环境并损害人体健康，所以在一些环保要求严格的国家已经很少使用了。另外，合成底盘防锈胶产品的胶层很硬，缺少弹性，稍微弯曲，胶层就会开裂。在底盘隔音方面效果也较差。

（3）高分子水溶性底盘防锈胶。高分子水溶性底盘防锈胶（见图10-7）的稀释剂为水，所以又称水溶性防锈胶，这种防锈胶不含有毒物质，为环保型底盘防锈胶。高分子水溶性底盘防锈胶附着力强、胶层弹性较好，底盘隔音效果显著，是做底盘装甲的较好材料。

图10-6 合成底盘防锈胶

（4）复合高分子树脂底盘防锈胶。复合高分子树脂底盘防锈胶（见图10-8）属于环保、快干性防锈胶，具有高防水性、高弹性、高

图10-7 高分子水溶性底盘防锈胶

图10-8 复合高分子树脂底盘防锈胶

防腐蚀性和高吸音降噪性，并在环保的基础上运用四元接枝工艺，将四种不同性能的高分子材料融为一体。它不受湿度、温度的控制，大大缩短了施工时间，为其他底盘装甲固化时间的1/4，极大地方便了底盘装甲施工。

模块3　汽车底盘装甲工艺

一、汽车底盘装甲施工工艺

汽车底盘装甲施工操作流程如下：①准备工作→②清洗底盘→③局部包裹→④喷涂→⑤清洁与干透，同时施工过程中还应注意个人安全操作和个人防护以及对环境的保护，具体施工工艺如下。

1. 准备工作

（1）工具准备：汽车两柱举升机、空气压缩机、喷涂喷漆枪、高压水枪、吹水枪、钢丝刷、铲刀等。

（2）耗材准备：抹布、遮蔽胶带、报纸和大张塑料薄膜（包裹车轮用一次性塑料布）。

（3）施工人员防护用品：工作服、喷漆面罩、口罩、手套。

（4）其他：盛满清水的桶、毛刷、抹布。

2. 清洗底盘

为了让底盘装甲的防锈胶附着牢固，将汽车底盘仔细清洗干净十分重要。

首先用两柱举升机将汽车升高，拆除车轮和内叶子板保护胶板，用高压水枪冲洗底盘去除底盘上黏结的油泥和沙子,如图 10-9 所示。还可以用常见的铁丝网刷、铲子把车底附着的泥沙、油污、锈蚀物和其他杂物刮掉,直到露出金属的本色。再用吹水枪将缝隙中的水吹出,如图 10-10 所示,并用毛巾将水擦干。注意,必须对汽车底盘做彻底清洗。

图 10-9　用高压水枪仔细冲洗底盘

图 10-10　用吹水枪将缝隙中的水吹出

3. 局部包裹

底盘装甲并非底盘的每个部位都要喷涂,像发动机油底壳、变速器外壳、进排气歧管、排气管、减振弹簧、减振器、传动轴等部位在喷涂时都要用遮盖纸进行包裹，避免底盘装甲防锈胶喷在上面，如图10-11所示。由于发动机油底壳、变速器外壳都需要散热，所以如果防锈胶大量喷涂到它们上面，会影响其散热；更不能直接喷涂在排气管上面，因为汽车行驶时排气管的高温会将其表面的防锈胶烤焦而发出难闻的臭味。所以，在做底盘装甲时，必须先用遮盖纸将排气管全部遮盖、包裹，如图10-12所示。还需注意底盘上的电器导线、电控导线及传感器等同样要包裹好，如图10-13所示。

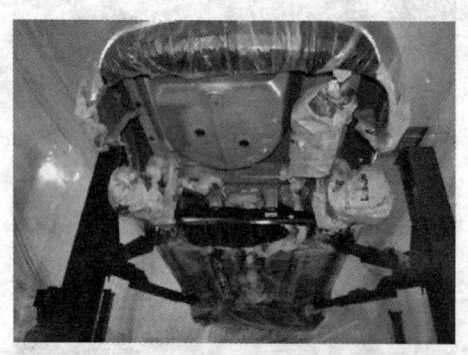

图10-11　包裹底盘不需要喷涂的部位

图10-12　遮盖、包裹排气管

图 10-13　包裹电器导线、电控导线及传感器

4. 喷涂

仔细包裹好关键部位后，就可以开始喷涂了，如图 10-14 所示。底盘防锈胶经高压喷漆枪喷出，均匀覆盖在汽车底盘上。一般来说，底盘防锈胶正常喷射应反复薄喷三次，每次喷涂之间要有一定的时间间隔，常温时最好间隔 10 min 以上。在第一次喷射完毕后，对有孔洞、裂缝、接驳处必须用补缝胶修补、刮平后再喷，薄喷三次后，底盘防锈胶的总厚度应为 4~5 mm，不能太薄，也不要太厚（否则会浪费材料）。

图 10-14　包裹好关键部位后开始喷涂

喷涂部位是汽车底盘的钢板、轮毂、叶子板与砾石防撞板、后保险杠内侧、油箱外壳、各种壳体、管道等。

喷涂时，施工人员应戴防护用具做好个人防护，如图10-15所示。特别注意每次使用前要用力摇匀容器罐，拉开拉环，将喷漆枪吸管插穿铝膜，并拧紧容器罐与喷漆枪的对接口，即可开始喷涂。

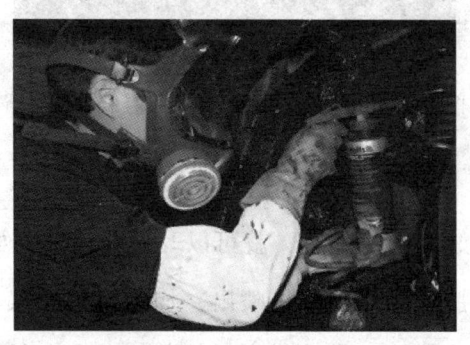

图10-15　喷涂时要戴防护用具做好个人防护

5. 清洁与干透

施工后应立即清洗喷漆枪；用清洁剂去除不慎粘在汽车车身及其他地方的底盘防锈胶；清除遮蔽用的报纸、塑料薄膜、粘贴胶带，并清洁场地。

在晴朗干燥天气下施工，汽车在喷涂完工2~4 h后就可以使用。但完全干燥需要三天左右，所以在这三天内最好不要让汽车底盘接触到水。

干燥后的防锈胶可以很好地黏附在清洁的汽车底盘上，具有极强的耐磨性和耐腐蚀性。当然，选用的防锈胶材料、施工工艺水平等是决定底盘装甲质量好坏的重要因素。喷涂后崭新的底盘装甲如图10-16所示。

图 10-16 喷涂后崭新的底盘装甲

二、底盘装甲用品使用注意事项

1. 不宜在阳光直射或高温漆面上使用。
2. 应在通风较好的场所使用。
3. 产品不用时应将盖子盖好。
4. 避免儿童接触防锈胶喷涂产品。

培训大纲建议

一、培训目标

通过培训,培训对象可以掌握现代汽车美容的理论知识与操作技能,可以从事现代汽车美容岗位工作。

1. 理论知识培训目标

(1) 了解汽车美容安全与防护知识。

(2) 掌握汽车外部清洗用品与工具设备的特性。

(3) 掌握汽车车蜡产品与打蜡工具设备的特性。

(4) 掌握汽车漆面抛光用品与工具设备的特性。

(5) 熟悉汽车漆面封釉、镀膜用品与工具设备的特性。

(6) 掌握汽车漆面研磨剂用品与划痕、斑点修复工具设备的特性。

(7) 掌握汽车内外饰件清洁护理用品与工具设备的特性。

(8) 熟悉汽车玻璃贴膜的玻璃膜、工具与工作液的特性。

(9) 了解汽车底盘装甲意义与使用产品的特性。

2. 操作技能培训目标

(1) 掌握汽车外部清洗作业流程与操作方法。

(2) 掌握汽车开蜡、上蜡与打蜡工艺及操作规程。

(3) 掌握汽车漆面抛光工艺与操作规程。

(4) 熟悉汽车漆面封釉、镀膜工艺与操作规程。

(5) 掌握汽车漆面划痕、斑点修复工艺与操作规程。

(6) 掌握汽车内外饰件清洁护理作业流程与操作方法。

(7)掌握汽车内部异味消毒处理方法。

(8)熟悉汽车玻璃贴膜工艺与操作规程。

(9)掌握汽车底盘装甲操作流程与施工方法。

二、培训课时安排

1. 总课时数：168课时
2. 理论知识课时：78课时
3. 操作技能课时：90课时
4. 具体培训课时分配见下表。

培训课时分配表

培训内容	理论知识课时	操作技能课时	总课时	培训建议
第1单元　汽车美容知识	3	0	3	重点：汽车美容基本术语；汽车美容安全操作规程与安全防护 难点：区分哪些汽车美容用品属于易燃、易爆和有毒物品；掌握哪些汽车美容工具操作时易发生安全事故 建议：教师在现场用实物讲解、演示
模块1　汽车美容作业项目与基本术语	1.5		1.5	
模块2　汽车美容安全与防护	1.5		1.5	
第2单元　汽车外部清洗	6	8	14	重点：汽车外部清洗工具与设备的使用；汽车外部清洗用品的选用；汽车外部清洗作业流程与操作方法 难点：汽车外部清洗工具与设备的正确使用；汽车外部清洗作业流程与操作方法 建议：先由教师示范规范性操作，学员可2~3人一组进行练习、评议
模块1　汽车外部清洗简介	1		1	
模块2　汽车外部清洗工具与设备	2	1	3	
模块3　汽车外部清洗用品	1	1	2	
模块4　汽车外部清洗作业	2	6	8	

续表

培训内容	理论知识课时	操作技能课时	总课时	培训建议
第3单元 汽车漆面打蜡	9	14	23	重点：汽车车蜡产品及选用；汽车漆面打蜡工具与设备的使用；汽车新车开蜡；汽车漆面打蜡 难点：汽车车蜡产品的选用；汽车新车开蜡的操作方法；汽车漆面打蜡的操作方法 建议：先由教师示范规范性操作，学员可2~3人一组进行练习、评议，有关技术性问题可开展讨论
模块1 汽车车蜡	2	1	3	
模块2 汽车漆面打蜡工具与设备	1	1	2	
模块3 汽车新车开蜡	3	6	9	
模块4 汽车漆面打蜡工艺	3	6	9	
第4单元 汽车漆面抛光	9	12	21	重点：汽车漆面抛光用品的选用；汽车漆面抛光工具与设备的使用；汽车漆面抛光的操作规程 难点：汽车漆面抛光用品的选用；汽车漆面抛光设备的使用；汽车漆面抛光的操作方法 建议：先由教师示范规范性操作，学员可2~3人一组进行练习、评议，有关技术性问题可开展讨论
模块1 汽车漆面抛光简介	0.5		0.5	
模块2 汽车漆面抛光用品	1.5	1	2.5	
模块3 汽车漆面抛光工具与设备	2	2	4	
模块4 汽车漆面抛光工艺	5	9	14	
第5单元 汽车漆面封釉与镀膜	7	10	17	重点：汽车漆面封釉产品的选用；汽车漆面封釉工具与设备的使用；汽车漆面封釉工艺的操作规程；汽车漆面镀膜工艺的操作规程 难点：汽车漆面封釉工具与设备的使用；汽车漆面封釉的操作方法；汽车漆面镀膜的操作方法 建议：先由教师示范规范性操作，学员可2~3人一组进行练习、评议，有关技术性问题可开展讨论
模块1 汽车封釉简介	2		2	
模块2 汽车漆面封釉用品种类与功能	0.5	1	1.5	
模块3 汽车漆面封釉工具与设备	0.5	1	1.5	
模块4 汽车漆面封釉工艺	2	4	6	
模块5 汽车漆面镀膜与封釉区别	2	4	6	

续表

培训内容	理论知识课时	操作技能课时	总课时	培训建议
第6单元 汽车表面划痕和斑点处理	12	15	27	重点：汽车表面研磨剂产品的选用；喷漆材料产品的选用；汽车表面划痕和斑点修复工具的使用；汽车漆面深度划痕的处理；汽车漆面深层斑点的处理 难点：喷漆枪的正确使用；汽车漆面深度划痕的处理；汽车漆面深层斑点的处理 建议：先由教师示范规范性操作，学员可2~3人一组进行练习、评议，有关技术性问题可开展讨论
模块1 汽车表面划痕和斑点修复用品	2	1	3	
模块2 汽车表面划痕和斑点修复的防护用品和工具、设备	3	2	5	
模块3 汽车漆面划痕处理	4	6	10	
模块4 汽车漆面斑点处理	3	6	9	
第7单元 汽车内外饰件的清洁护理	13	9	22	重点：汽车内外饰件清洁护理设备的使用；汽车内外饰件清洁护理用品的选用；汽车内外饰件清洁护理作业 难点：汽车内外饰件清洁护理用品的选用；汽车电镀饰件的清洁护理；汽车车轮轮毂的清洁护理；汽车发动机舱的清洁护理；汽车车内顶篷的清洁护理；汽车仪表控制板的清洁护理；汽车皮革座椅的清洁护理 建议：先由教师示范规范性操作，学员可2~3人一组进行练习、评议，有关技术性问题可开展讨论
模块1 汽车内外饰件清洁护理简介	0.5		0.5	
模块2 汽车内外饰件清洁护理工具与设备	0.5	1	1.5	
模块3 汽车内外饰件清洁护理用品	2	2	4	
模块4 汽车外饰件清洁护理作业	5	3	8	
模块5 汽车内饰件清洁护理作业	5	3	8	
第8单元 汽车内部异味消除及消毒处理	3	3	6	重点：汽车内部异味消除及消毒处理；使用专用设备工具消除汽车内部异味 难点：使用臭氧发生器、光触媒消毒 建议：先由教师示范规范性操作，学员可2~3人一组进行练习、评议
模块1 汽车内部异味来源与危害	0.5		0.5	
模块2 汽车内部异味消除及消毒处理方法	2.5	3	5.5	

续表

培训内容	理论知识课时	操作技能课时	总课时	培训建议
第9单元 汽车玻璃贴膜	9	12	21	重点：汽车玻璃膜的选用；汽车玻璃贴膜工具的使用；汽车玻璃贴膜工艺及操作规程 难点：汽车玻璃膜热成型热风枪的使用；汽车玻璃膜的裁剪下料；汽车玻璃膜的热定型；汽车前、后风窗玻璃膜的粘贴技术 建议：先由教师示范规范性操作，学员可2~3人一组进行练习、评议，有关技术性问题可开展讨论
模块1 汽车玻璃贴膜知识	1.5	1	2.5	
模块2 汽车玻璃贴膜工具与工作液	1.5	1	2.5	
模块3 汽车玻璃贴膜工艺	6	10	16	
第10单元 汽车底盘装甲	5	8	13	重点：汽车底盘装甲用品的选用；汽车底盘装甲的施工工艺 难点：汽车底盘喷涂喷漆枪的使用；汽车底盘装甲前的局部包裹；汽车底盘装甲喷涂 建议：先由教师示范规范性操作，学员可2~3人一组进行练习、评议，有关技术性问题可开展讨论
模块1 汽车底盘装甲简介	1		1	
模块2 汽车底盘装甲施工工具、设备及用品	1	2	3	
模块3 汽车底盘装甲工艺	3	6	9	
合计	76	91	167	